Wolf Wondratschek
Mara

Wir verpflichten uns zu Nachhaltigkeit

- Papiere aus nachhaltiger Waldwirtschaft und anderen kontrollierten Quellen
- Druckfarben auf pflanzlicher Basis
- ullstein.de/nachhaltigkeit

ISBN: 978-3-550-20008-3

2. Auflage 2024
© Wolf Wondratschek (2019)
Dieses Werk wurde erstmals veröffentlicht im Jahr 2003
Alle Rechte vorbehalten . Wir behalten uns die Nutzung unserer Inhalte für Text und Data Mining im Sinne von § 44b UrhG ausdrücklich vor.
Autorenfoto: © Sepp Dreissinger
Umschlaggestaltung: brian barth, berlin
Gesetzt aus der Quadraat Pro
Satz: Pinkuin Satz und Datentechnik, Berlin
Druck und Bindearbeiten: GGP Media GmbH, Pößneck

WOLF WONDRATSCHEK

Mara

Eine Erzählung

Ullstein

Ich will Ihnen eine Geschichte erzählen, meine Geschichte, wenn ich das darf, die Geschichte eines Cellos. Denn das bin ich, ein Violoncello.

Ich darf mich vorstellen? Mit Vaternamen heiße ich Stradivari. Ich bin 1711 in Italien, in Cremona, in der Werkstatt meines Meisters Antonio Stradivari zur Welt gekommen und – was soll ich machen? – eigentlich seit dem Tag meiner Geburt berühmt. Dafür kann ich nichts. Ich hatte Glück, ich hatte einen Namen und als Spitzname (oder Adelstitel, ganz wie Sie wollen) bald – und bis heute – noch einen. Mara. Die Welt nennt mich Mara. *The Mara*. Das berühmte, weltberühmte Mara.

Kein schlechter Name, auch wenn er anspielt auf einen eher temperament- als glanzvollen Musiker, ansonsten aber, glauben Sie mir, faszinierenden Sündenlümmel, der Giovanni Mara hieß (oder, je nachdem, in welchen Engagements er sich wo in Europa gerade aufhielt, auch Jean oder Johann Baptist oder Joseph) und dem ich als Eigentum zu Diensten war, eine aufregende, gefährliche Zeit lang, auch für mich gefährlich. Ich erinnere nur an die Flasche Wodka, die er einmal mit der unkontrollierten Kraft eines Jähzornigen gegen die Wand schleuderte und die mich nur knapp verfehlte. Ein anderes Mal warf er im Streit seiner Frau ein Glas hinterher, das zwar sie verfehlte, mich aber nicht. Die Verletzung war nicht schwerwiegend, ein Streifschuß, aber sie ist bis heute sichtbar und gilt seitdem, sonderbar genug, als zusätzliches Gütesiegel, sozusagen als Zertifikat, als Zeichen untrüglicher Echtheit.

Mein Vater war Handwerker, einer der fähigsten und fleißigsten der Stadt, das schon, aber ein Hexenmeister war er nicht. Drei Violoncelli allein in meinem Geburtsjahr, ebenfalls drei im Jahr davor, die Geigen gar nicht mitgerechnet, das ist eine Menge. Da mußte er sich bei seinen Frauen, die ihm die Kinder gebaren, länger gedulden. Aber es ging, wie er einsah, mit ihnen eben leider nicht schneller, mit seiner Francesca nicht, der ersten, die sechs, mit Antonia, der zweiten, nicht, die fünf Kinder zur Welt brachte. Als Handwerker war er angewiesen auf Nachwuchs, auf Söhne vor allem, und darauf, daß sie durchkamen und nicht durch Fieber oder die Pest dahingerafft wurden. Und dann konnte man nur hoffen, daß bei dem ganzen Aufwand wenigstens einer sein Talent geerbt hatte. Mit Francesco, Omobono und dem Nachzügler Paolo, die er alle drei selbst in der Werkstatt noch ausbilden konnte, hatte er zwar einen überdurchschnittlich guten Schnitt, aber selbst alle Vaterliebe reichte nicht aus, sich Illusionen zu machen, es könne einer ihm nachfolgen, ihn an Fertigkeit, an Genie gar noch übertreffen. Es würde mit ihm das Kapitel seiner Kunst beendet sein.

Natürlich frage ich mich manchmal, wenn der Rummel um meine Berühmtheit lächerlich zu werden beginnt, was er zu der fast schon ans Unheimliche grenzenden Verzükkung der Leute sagen würde, die uns, mir und seinen anderen Kindern, zuhören? Was zu der grenzenlosen Bereitschaft gewisser wohlhabender, weltgewandter oder eben nur geschäftstüchtiger Kreise, zu denen Champagnerdynastien ebenso gehören wie Sägewerksbesitzer oder Erdöl- und Stahltycoons, seine Geigen, Bratschen oder Celli für mehr als alles Geld der Welt zu ersteigern, zu der Sucht, sie besitzen zu müssen, und sei es auch nur für ihr Prestige, als Trophäe und Kleinod ihrer gepanzerten Kammern und Banktresore? Oder dazu, die Spezialität organisierter Auftragskriminalität, die Instrumente (mit welchem Risiko auch immer) stehlen zu lassen, was mehr als uns Celli natürlich unsere kleinen Geschwister, die Geigen, betrifft, weil sie handlicher sind, auch berühmter, zugegeben, und deshalb mehr bringen? Was würde er sagen zu dem lange schon wahrhaft wahnhaften Kult um seinen Namen, der als *magic word*, als Markenzeichen, nicht nur Konzertsäle in Kathedralen, Konzertbesucher in Gläubige und Virtuosen in unfaßbar erfolgreiche Verführer verwandelt, sondern dem einen oder anderen gelegentlich ganz schön auch den Verstand verhext?

Natürlich werden wir Stradivaris nicht nur von Kennern und Liebhabern der Musik oder von Dieben hofiert, sondern auch von Fälschern. Ich weiß noch, 1937, als unsere Heimatstadt den zweihundertsten Todestag meines Vaters feierte und die Sache zum Anlaß nahm, eine Ausstellung Cremoneser Instrumente aus aller Welt zu zeigen, waren von fünfhundert der angereisten Instrumente, die ihm zugeschrieben wurden, nur zweihundert unzweifelhaft von seiner Hand. Der Rest Ausschußware! Aber glauben Sie nicht, das seien deshalb alles Fehlgeburten gewesen, zusammengeleimte Waisenkinder. Schade, daß keiner auf die Idee kam, den Experten einfach mal die Augen zu verbinden und abwechselnd echte und falsche Stradivaris zu Gehör zu bringen. Also, ich weiß nicht. Der eine oder andere hätte sich ganz schön blamiert. Aber was tun mit der Ehre, auch unter Ganoven anerkannt zu sein? Keiner der Musikhistoriker, die sich mit der Geschichte der Fälschungen beschäftigt haben, konnte mir die Frage beantworten. Einer winkte mit der Bemerkung ab, es sei selbstverständlich, daß sich die organisierte internationale

Verbrecherwelt längst auch auf den Diebstahl dieser kostbaren Meisterwerke geworfen habe.

Hat sie! Mit hochqualifizierten Experten sogar, die wiederum zusammenarbeiten mit gelernten, selbst einmal ausübenden, aus irgendeinem Grund aber glücklosen, durch eine Arm- oder Handverletzung oder sonst ein Mißgeschick aus ihrer Karriere katapultierten oder auch nur einfach von der Routine in unbedeutenden Provinzorchestern gelangweilten Musikern, Schattenmännern in Zusammenarbeit mit korrupten Instrumentenhändlern, die immer zur Stelle sind bei Liquidierungen von Privatkollektionen und, gebildet und kultiviert, wie sie auftreten, hinter der Bühne und im Pulk von Verehrern in Künstlerzimmern nie weiter auffielen. Aber sie hatten nicht nur im Allerheiligsten ihre Augen immer weit offen, sondern im Visier auch die Straßen, Gasthöfe und Poststationen, um beim Wechseln der Pferde oder der Kutschen rechtzeitig zur Stelle zu sein. Später kamen dann die Hotels hinzu (wo sich immer einer findet, der für dunkle Geschäfte zu haben ist), Züge (Schlafwagen), Bahnhöfe, Flughäfen, Aufnahmestudios.

Einer meiner älteren Brüder, genannt Duke of Modena, geboren 1686, ist wo abgeblieben? Wahrscheinlich in Rußland – wie mein (dort entweder umgekommener oder bis heute unter Verschluß gehaltener) anderer Bruder vermutlich auch, dessen Name – Russian Czar – ja eigentlich deutlich genug verrät, wo man zu suchen hätte.

Es gibt Dutzende solcher Geschichten.

Louis Spohr, dem Bravourvirtuosen (und angeblich besten unter den vielen sog. Beinahe-Paganinis), haben Diebe den Geigenkasten damals kurzerhand einfach hinten vom Reisegepäck geschnallt und waren damit auf Nimmerwiedersehen verschwunden; die Kutsche hatte am Stadttor von Göttingen wegen einer Kontrolle der Passierscheine nur kurz angehalten. Es läßt sich denken, erinnert sich Spohr, daß ich die Nacht schlaflos zubrachte. Am nächsten Morgen wurde ich benachrichtigt, daß man in einem Felde einen leeren Koffer und einen Geigenkasten gefunden hatte. Trunken vor Freude eilte ich hin, in der Hoffnung, daß sich die Diebe mit dem Inhalt des Koffers begnügt hätten und die Geige noch in ihrem Behälter sei. Dem war leider nicht so ...

Aufgetaucht ist das wertvolle Instrument jedenfalls nie wieder, nicht daß ich wüßte, genausowenig wie die berühmte Herkulesgeige, seit Ysaÿe, Eugène Ysaÿe, sie mit unüberbietbarer Tonfülle gespielt hat. Wo sie steckt? Seit 1907 ist sie wie vom Erdboden verschluckt. Ysaÿe hatte gerade gespielt, in St. Petersburg, war hinter die Bühne und dann ins Künstlerzimmer gegangen, um das Instrument in sein Etui zu betten, war dann aber von der Begeisterung seines Publikums zu einer weiteren Verbeugung hinausgerufen worden. Als er zurückkam, war die Geige weg. Und blieb weg, bis heute. Aber vielleicht taucht ja auch sie eines Tages wieder auf, wie jenes andere Mitglied meiner Familie, das aus einem New Yorker Museum gestohlen, dann aber in Polen, in der Stadt Krakau, Jahrzehnte später wieder aufgefunden worden war, im Besitz eines Straßenmusikanten, der sie, wie er sich bei seiner Vernehmung zu erinnern glaubte, für fast nichts bei einem Trödler erworben haben wollte.

Fehlt noch jener sorglos sonderbare Kaffeehausgeiger, der eine meiner berühmten kleinen Schwestern, um nicht aufzufliegen, einfach schwarz angestrichen und dann sein halbes Leben lang auf ihren vier Saiten herumgegeigt hatte, ohne daß jemand ahnen konnte, was der gute Mann da unterm

Kinn hatte, eben jenes verschollen geglaubte Instrument, das Bronislaw Hubermann nach einem Auftritt in der New Yorker Carnegie Hall aus dem Umkleidezimmer entwendet worden war. Jahre später tauchte eine bunt geschminkte, energische alte Dame (richtig: die Witwe des Kaffeehausgeigers) im Geschäft eines kleinen, sich kümmerlich über Wasser haltenden Händlers auf, um das schwarze Ungetüm zu Geld zu machen, für einen allerdings so stolzen Preis, daß dem Mann fast die Lust verging, sie überhaupt in die Hand zu nehmen; warum sollte er eine Summe hinblättern, die vielleicht dem Andenken ihres verblichenen Gatten schmeichelte, weil der, wie sie ihm vorschwärmte, auf ihr »immer so schön gespielt hatte«, aber doch wohl sonst minderwertig, wenn nicht gar nichts wert war. Aber halt! Sie klang, als er sie dann doch kurz anspielte, nicht übel. Sie klang sogar besser als alles, was je über seinen Ladentisch gegangen war, nicht nur frisch und lebendig, sondern einfach herrlich, einfach großartig! Was sollte er da noch lange feilschen? Unter seinen Händen hatte noch nie ein Instrument so geklungen, so voll und rund, dabei war, wie er wußte, sein Spiel bestenfalls dürftig.

Da war sie also wieder, die Hubermann, die Ex-Hubermann, wie sie heute genannt wird, von Experten anhand von archivarischem Material eindeutig als Instrument von Vaters Hand identifiziert, schwarz überlackiert, leider, aber das war von Spezialisten ohne Beschädigung des ursprünglichen Lacks leicht und ohne Verlust des Klangcharakters der Geige wieder rückgängig zu machen.

Manchmal stelle ich mir vor, der alte Stradivari hätte die Ausstellung ihm zu Ehren selber sehen und die Feierlichkeiten, die Konzerte, Vorträge und Diskussionen erleben können.

Wäre er stolz oder verärgert gewesen über all das Brimborium um seine Person? Oder sogar angewidert und in seinem Urteil bestätigt über das, was er da in seiner Heimatstadt in der Lombardei geleistet hatte? Hätte er denn selbst eine Erklärung gehabt für die Eigenart seiner Arbeitsweise, vor allem für das spezielle, einmalige Resultat? Eine andere als die seiner vielen Bewunderer, die, kaum fällt sein Name, ins Leere starren wie in eine aus Tönen ins Unsichtbare gebaute Welt?

Eine Erklärung? Was für eine Erklärung? Probieren Sie Ihr Glück, wenn Ihnen danach ist! Eine Stehplatzkarte läßt sich immer auftreiben, sagen wir, für das Programm Meisterinterpreten, Zyklus I-III. Und in der Pause hören Sie sich einfach mal ein bißchen um unter den Besuchern, den Berufsabonnenten der großen goldenen Konzerthäuser, egal wo. Sie brauchen ja nicht gleich ins Schwärmen zu kommen, überlassen Sie das ruhig anderen. Fordern Sie nur, höflich natürlich, eine plausible Erklärung, was eine Stradivari heraushebt über den Durchschnitt anderer Spitzeninstrumente. Die werden Sie aber anschauen! Ach, wissen Sie, werden Ihnen die musikseligen, kein Konzert versäumenden Ruheständler antworten (und Sie nicht gerade sehr freundlich, dafür aber gründlich von oben bis unten mustern, als hätten Sie kein Recht auf Anwesenheit), wissen Sie, Gott sei Dank gibt es noch ein paar Dinge auf dieser wenig beneidenswerten Welt, die einer Erklärung nicht bedürfen! Und sich auch den Quarzlampen oder Röntgenaugen nicht offenbaren. Ausgeschlossen, völlig ausgeschlossen, wie man das in Worten sagen soll! Das kann man nicht beschreiben, was eine Stradivari ausmacht, nicht wirklich, aber hören kann man es (allgemeine Zustimmung!), man kann es hören, ja, ganz sicher, man hört den Unterschied einfach (alle nicken!), die feinen, sehr feinen Unterschiede, die einzigartigen, untrüglichen, geradezu heiligen Nuancen, die so ein Instrument von allen übrigen Meisterinstrumenten unterscheidet.

Ist das so?

Wäre der gute Antonio auch so ins Stottern gekommen? Hätte er seine Instrumente überhaupt wiedererkannt? Was hätte er geantwortet? Hört, was Ihr hört, hätte er gebrummt, auch wenn Ihr natürlich nur das hören werdet, was Ihr hören wollt, daran aber glaubt wie den Priestern, die Euch predigen! Das war deutlich. Aber ging ihn das alles denn etwas an, die merkwürdigen Millionen, der schicke Kult, all die Einbildungen der frommen Gemeinde, das Fieber ihrer schwärmerischen Geisteszustände, die Gänsehaut in den Gehörgängen, die intime Raserei bis hinein in die Gedärme, diese Dämonie, wie sie in Spielkarten sichtbar sein soll oder im Kern kostbarer Diamanten? Was hatte er zu schaffen mit Geschichten, die beweisen wollen, daß allem Übernatürlichen das Unglück folgt wie dem Fluch das Desaster? Ist das noch komisch, Antonio? Sag endlich was, melde Dich, rede. Halte eine Pressekonferenz ab, gib ein Interview, eine Erklärung, ein Zeichen wenigstens.

Fällt Dir denn nichts ein, zum Beispiel zu der Geschichte jenes vermutlich verrückt gewordenen, allerdings schwerreichen brasilianischen Plantagenbesitzers, der, als es ans Sterben ging, eine meiner kleinen Schwestern doch tatsächlich irgendwo auf seinen Ländereien (und ohne die Stelle zu markieren) in einem Zinnsarg bestattet hat? Niemand sollte sie je wiederfinden, ausgraben, je wieder berühren oder auf ihr spielen. Seiner Witwe tat das Instrument nur insofern leid, als sie es, als Andenken an gemeinsame Stunden mit ihrem Mann, der auf ihm hin und wieder herumgestrichen und trotz seiner sehr begrenzten Fähigkeiten glücklich dabei gewesen war, gerne mit einem Ehrenplatz belohnt hätte. Sie wollte es bei sich im Haus haben, aufgebahrt, wie ihr vorschwebte, in seiner Bibliothek (in einem Schrein aus Glas). Nur, sie kannte die Stelle nicht, wo die Geige unter der Erde lag; und die Kaffeeplantage war ja nicht etwa ein kleines überschaubares Stück Land, das man einfach mit einem Spaten umgraben konnte. Ihr Bruder, den sie in dieser Sache um Hilfe bat, hatte auf Anhieb eigene und handfestere Gründe, an die Geige zu glauben – und tüftelte den Plan eines Versicherungsbetrugs aus, der erst aufflog, als Lloyds, mißtrauisch geworden, einen Suchtrupp nach Brasilien schickte und mit Detektoren das ganze weitläufige Gelände absuchen ließ – und schließlich Erfolg hatte.

Ist das Dein Verdienst, Antonio? Oder Deine Schuld? Was steckt in Deinen Instrumenten, was niemand sehen, niemand finden, niemand nachahmen kann?

Gab man ihm ein Stück Holz – aus Türpfosten, alten Möbeln, Wandverschalungen geschnitten –, lag acht Tage später auf seinem Tisch eine Geige, und nicht irgendeine. Damit bestückten dann die Kaiser und Könige, die Zaren, die Fürsten, Grafen und kosmopolitischen Barone ihre Orchester (oder vermachten sie sich gegenseitig als Geschenke).

In der Welt um ihn herum nahm alles an Beschleunigung zu, währenddessen Antonio in seiner Werkstatt saß, ruhig, ganz der intuitiven Präzision hingegeben, mit der er das Holz aus den venezianischen Rudern schneiden würde, die er hatte anliefern lassen und deren Qualität er kannte. Das Flößen hat-

Fichte (Rottanne, picea excelsa) aus den Dolomiten

te das Holz ausgewaschen, gereinigt und, wie er's brauchte, leichter gemacht. Versunken saß er in dem Durcheinander seiner Werkzeuge und Zubehörteile, der Instrumentenkästen und Kladden mit den Zeichnungen, versunken in Überlegungen zur Verbesserung der Stärke- und Klangverhältnisse, und polierte Hälse, feilte an Stegen und Baßbalken, Decken und Böden, und zwar, weil es so am schonendsten war, mit getrockneter Haifischhaut.

Was hörte er, wenn er arbeitete? Was hörte er *wirklich*? Und wie, mit welchem Interesse? Hörte er den Charakter der Klangfarben schon beim Schneiden der Decken und Böden? Hörte nicht nur sein Ohr, sondern auch die Hand, die die Ziehklingen führte? Hörte er mit den Handflächen, die das Holz hielten, mit den Fingerspitzen, wenn sie die Linien der Faserung berührten? Mit den Augen, die ja alles, was er tat, kontrollierten? Hörte er, wie wir Instrumente klingen würden, noch bevor auch nur eine einzige Saite aufgezogen war?

Die Wissenschaft, die sich mit ihm beschäftigt, mit dem Mann, dem Phänomen, der Eigenart seines Könnens, den Proportionen seiner Produkte, der Beschaffenheit der verwendeten Materialien, ist längst unüberschaubar geworden. Berge von Büchern gibt es, ganze Bibliotheken voller Broschüren, Untersuchungen, Artikel, Abhandlungen – und jede Menge Geschichten, die alle nicht viel plausibler klingen als die Geschichte eines Mannes, der behauptet, dreimal ermordet worden zu sein. Klar, alle wollen, mehr oder weniger wissenschaftlich, nichts anderes, als Antonio Stradivari in die Karten schauen, ihn enträtseln, sein Geheimnis lüften, das er, falls er eines hatte – was ich bezweifle! –, mit ins Grab nahm.

Welches Geheimnis? Das Holz? Der Lack? (Gestatten Sie

mir, daß ich mich, was dieses Thema betrifft, nicht mehr äußern will! Mir geht der ganze Unfug, das Raunen und Rätseln, was die Lackierung betrifft, seit mindestens zweihundert Jahren schon auf die Nerven. Was soll mit dem Lack sein? Warum dieses Tamtam? Welcher, bitte, der vielen verschiedenen Lacke, die er ausprobierte, enthält wieviel Prozent Geheimnis? Oder reden wir über die Grundierung der gesamten Holzaußenfläche? Oder die danach aufgetragene Zwischenschicht, die den Lack vom grundierten Holz trennt? Oder nur den ersten Aufstrich, den zweiten, einen irgendwann letzten? Keine Ahnung, was daran geheimnisvoll sein soll! Die Farbe, ihre weichen, transparenten Reflexe, machen die Menschen verrückt, was ich verstehen kann, aber es hat nun mal bei aller Schönheit der Farbe der Lack mit dem Klang nichts zu tun, jedenfalls nichts Entscheidendes. Aber was soll ich große Reden schwingen, deshalb Schluß hier und ... Klammer zu.) Die Abmessungen? Das Volumen der Teile, die er zusammenleimte? Was für ein Geheimnis? Hatten die Pioniere in der Ahnengalerie des Geigenbaus eines gehabt? Andrea Amati etwa, Gasparo di Bertolotti, der sich nach seiner Geburtsstadt da Salò nannte? Oder Maggini? Oder Antonios erklärtes großes Vorbild, Andreas' Enkel Nicolo Amati? Ein Geheimnis zu haben, war das nicht die Erfindung einer späteren Generation, die dann begann, in internationalem Maßstab zu spekulieren, an Profite glaubte, an Agenten, an die Eroberung neuer Märkte? Typen wie Tom Dodd einer war, ein gewiefter Bursche, im Grunde aber doch weiter nichts als ein Nachahmer, der in London tatsächlich ein Geschäft mit der Behauptung machte, das Geheimnis zu kennen, was den Lack, den er aufstrich, betraf, ein, das muß man ihm lassen, erstklassiger Hochstapler, der alles draufhatte, die ganze Palette phantastischer Geschichten, vom Urin rothaariger Knaben, den die alten Meister angeblich verwendet hätten, bis zu in seinem Besitz befindlichen authentischen Klosterhandschriften zur Herstellung von Lacken aus einer Zeit, als noch die Mönche damit Handel treiben durften.

Natürlich kann man damit ein Publikum unterhalten, auch heute noch. Aber bei uns zu Hause? Stand die Tür an der Piazza San Domenico bei gutem Wetter nicht immerzu offen? Gab es nicht jede Menge Augenzeugen, jeden Tag? Jeder Geselle war einer, jeder Freund, der vorbeischaute, der Obsthändler mit den Trauben, der Apotheker, wenn er die Lacke lieferte. Sogar Ruggieri, Gagliano, Montagnana schauten herein, alles Kollegen, die er mochte. War je eine der Schubladen seiner Kästen verschlossen?

Was man brauchte, lag griffbereit herum, die Zeichnungen, Schnitte, Pläne, die Hobel, Zwingen, Raspeln, in kleinen Flaschen oder in Schalen die Öle, Harze, Schleifmittel, die verschiedenen (und verschieden gemischten) Polituren und Pigmente, Weingeist, Leinölfirnis, die Schachteln mit den Intarsien, dem Kork, den Keilen, Stegen, den Stimmstöcken – mein Gott, all das Zeug, was in einer Werkstatt eben so herumliegt. Daß einer (wie mein Vater) ein Genie ist, sprach sich damals nicht schnell herum, jedenfalls nicht in aller Öffentlichkeit. Antonio Stradivari? Das war der Mann, den man, wenn man ihm begegnete, grüßte, ein Handwerker, der (wie andere auch) Streichinstrumente herstellte, immer eine weiße Lederschürze anhatte, seine Frau, seine Familie liebte und immer fleißig und freundlich war. Und in die Kirche ging er auch. Insofern war es nur logisch, daß einer wie der verrückte Paganini keine Stradivari spielte, sondern eine Guarneri del Gesu, seine *Kanone*, wie er sie nannte, den Geniestreich eines

Trunksüchtigen, so Prof. Starkie, den Sie noch kennenlernen werden.

Niemand wirkte weniger wie ein Zauberkünstler als Antonio. Und doch, warum ist sich die Welt einig, einig wie selten, was die besondere, unwiederholbare, unzerstörbare Qualität seiner Arbeiten betrifft? Es mag bestimmte andere Vorlieben geben, warum nicht. Es gab zur gleichen Zeit noch eine Anzahl anderer hervorragender Geigenbauer, in Venedig, in Neapel, in Mailand, aber unbestritten ist, was die Welt weiß: wir, die Stradivaris, tragen die Krone! Die Legende hat uns den höchsten Ruhm zugesprochen. Und die höchste Quote! Höchstpreise, wie sie inzwischen in London, Tokio oder New York an der Tagesordnung sind, können natürlich, wie bei Gemälden auch, nur symbolisch gemeint sein. Das wissen die Banken, die Konzerne oder Foundations, die allein sich das Prestige solcher Extravaganzen noch leisten können, so gut wie die wenigen Glücklichen, denen sie ihre Instrumente auf Zeit überlassen.

Cremona war eine Kleinstadt. Bauern, Weinbauern, Geigenbauer, andere Handwerker natürlich, Apotheker. Was einer wußte, erzählte er seinem Sohn oder seinen Söhnen bei der Arbeit. Es war Gefühlssache, Fingerspitzengefühlssache, Intuition, was einem Wissen seinen Schliff, seinen Sinn gab. Vollkommenheit ist nicht das Resultat einer Wissenschaft, sondern Gnade, flüchtig, unerklärlich. Oder Fluch, Pakt mit einem Teufel, der Worte einer Sprache spricht, die keiner kennt und niemand wiederholen würde.

Man hatte vor allem die Apotheker im Verdacht, nicht immer ganz von dieser Welt zu sein. Waren sie nicht Gottesleugner, Adepten geheimer Lehren, von der Magie überzeugte Narren? Jedenfalls waren sie nicht auf die gleiche Weise Bürger unseres Städtchens, nicht wie die anderen, sondern besondere Wesen, Sympathisanten des Okkulten, Heiler, Alchimisten, Schamanen, Mystiker. Sie gaben einsilbige Antworten und konnten, während sie einem zuhörten oder nachdachten, ohne Schaudern, ja sogar mit einem Gesichtsausdruck konzentrierten Wohlgefallens, die Hand auf die Schädeldecke eines Totenkopfes legen. Auch wenn jemand nur eintrat in eine Apotheke, eine Mutter, um die zerschundenen Knie eines ihrer Kinder zu zeigen und die richtige Wundsalbe zu erbitten, ein Mann, an Brustwasser oder einem Kropf leidend oder auch nur die Wirksamkeit seines Schlafpulvers anzweifelnd, das er gekauft hatte, wagte kaum einer, ruhig zu atmen. Es gingen den Menschen, die kamen, beunruhigende Gedanken durch den Kopf, die nichts Gutes bedeuten konnten. Die Fertigkeiten so manches Apothekers streiften, wie sie glaubten, zu sehr das Undeutliche, das Dunkle, das Verbotene. Sie teilten Substanzen, destillierten, dosierten, mischten. Sie kannten die Pflanzen, ihre Wirkung, ihr Gift. Und immer war Feuer, wo sie waren.

Man erzählte sich viel. Nur sie selbst erzählten nichts.

Die Geigenbauer waren, auch die gesunden unter ihnen, gute Kunden der Apotheker. Mit dem Teufel ging es nicht zu. Aber manchmal wunderte sich einer dann doch, wie das eine oder andere Instrument nach dem Trocknen aussah, obwohl er, wie er schwören konnte, weiter nichts getan hatte, als den Öllack wie üblich auf das Holz aufgestrichen zu haben. Wieso war die Farbe dann aber plötzlich dunkler als sonst? Woher kam der unerklärlich rotfeurige Glanz? War etwas mit der Mischung? Und wenn ja, wer hatte sie zusammengerührt?

Daß Musiker, boshaft wie sie sein können, nicht nur gern Witze erzählen, sondern Geschichten, die ihr Metier betreffen, ist bekannt. Zum Beispiel die, wie es einmal auch unseren Vater erwischte, der gerade an der Arbeit an einem Cello saß. Er hatte die Teile geschnitten, zusammengeleimt, das Holz grundiert, danach bestrichen, einmal, zweimal, den Corpus auf dem Dachboden dann zum Trocknen aufgehängt und am Abend, wie er das vor dem Abendessen immer tat, noch einmal nachgeschaut – und festgestellt, daß es strahlte. Seltsam! Der Lack, dessen genaue Zusammensetzung er kannte, leuchtete. Aber warum? Er war doch mit dem Holz verfahren wie immer?

Vorhang auf. Irgendwo in Norddeutschland. Ein Alchimist – Henning Brand mit Namen – hantiert mit unedlen Metallen, auf der Suche nach dem Stein der Weisen, nach Gold, nach Silber. Dann muß er mal. Der Einfachheit halber nimmt er eine Phiole und strullert hinein. Hm, denkt er, nur sich das nicht angewöhnen – und hält die Phiole über die Flamme seines Brenners. Er sieht, wie die Flüssigkeit verdampft; und das soll sie gefälligst auch.

Auch in dieser Geschichte wird es schließlich Abend. Und siehe da, etwas in der Phiole ist nicht verdampft, ein kleiner, minimaler Rest – und dieser Rest leuchtet. Es dauert eine Weile, bis er sich auf seine Entdeckung wieder konzentrieren kann. Der ausgeglühte Rückstand, gewonnen durch die Destillation von menschlichem Harn, enthält eine leuchtende Substanz, kaltes Feuer, wie er sie nennt, griechisch *phosphorus*.

Vorhang auf. Kaum hatte der Apotheker (der »Zu den drei Feuern«) die Flaschen mit den Mischungen seiner Öle abgestellt, sich die Lieferung quittieren lassen, sich verabschiedet und die Werkstatt wieder verlassen, hatten Antonios Kinder (und der eine oder andere ihrer Freunde) schon wieder weiter nichts als Unsinn im Kopf, was sonst. Ließ sich mit dem, was da herumstand, denn nicht leicht ein Spiel erfinden? Was, wenn sie die Flaschen entkorkten und einen kleinen Wettbewerb starteten, wer mit seinem Strahl am genauesten in die Öffnung traf? Sie gaben sich wirklich Mühe, die Kleinen, stellten sich brav im Kreis auf, ließen die Hosen herunter, holten ihre Pißzipfel heraus und zielten – mit Erfolg, wie die Musikwelt bis heute bestätigen kann. Es müssen jedenfalls genug Tropfen getroffen haben, wie sonst erklärte sich das (immer noch) rotfeurige Leuchten eines meiner Brüder, der dann, sehr viel später, ausgerechnet auch noch den Namen Feuermann-Stradivari erhalten sollte, wie ich auf den Namen eines Cellisten getauft?

In einem Labor haben sie Mitte des vorigen Jahrhunderts, als das technisch möglich war, eine Lackanalyse durchgeführt. Sie haben doch tatsächlich die Frechheit besessen, etwas von dem Lack des Instruments abzukratzen, minimale Mengen natürlich nur, aber immerhin. Haben den so gewonnenen Staub chemisch untersucht. Und siehe da: Spuren von Phosphor.

Oder war es, von seinem Harn- und Wissensdrang gleichermaßen heftig in Anspruch genommen, am Ende der Apotheker?

Ich verstehe nichts von Geheimnissen, aber mit rechten Dingen kann es nicht zugehen, daß die Menschen darauf bestehen, es gäbe eines, was mich (und meine großen und kleinen Geschwister) betrifft. Ich weiß nicht. Sehen kann man Geheimnisse nicht, natürlich nicht, und trotzdem werde ich angestarrt, bestaunt, berührt, beklopft, ja, auch gestreichelt, in jedem Fall aber wie eine über alle Maßen kostbare Seltenheit behandelt.

Ich werde mit jedem Jahr, das es mich gibt, seltener. Wechselt mein Besitzer, steigt mein Preis. Im Augenblick bin ich fünf bis sechs Millionen wert, US-Dollar-Millionen wohlgemerkt. Eine Stange Geld, weiß Gott.

Aber geht mich das eigentlich was an? Verblüfft war ich, was diese Summen betrifft, schon vor hundertfünfzig Jahren, als es damit anfing, daß sich nicht nur der eine oder andere Hofmusiker, sondern sehr bald dann auch Sammler und Händler für mich interessierten, und das immer mehr, immer hungriger und mit jedem Mal gerissener. Plötzlich war ich als Aktie entdeckt, als Geldanlage, ein Objekt der Begierde nicht nur für Enthusiasten musikalischen Wohlklangs.

Als ich meine Lage begriff, beruhigte ich mich wieder. Mir gaben diese Summen, die ich nicht kommentieren will, jedenfalls die Sicherheit, daß auf mich aufgepaßt wird. Ich bin zu wertvoll für Schlampereien. Keine Zugluft, keine Unbequemlichkeiten, nicht das geringste Risiko. Auf mir liegen Tücher, weich wie die Abendsonne über den Feldern meiner Heimat. Wie ein rohes Ei werde ich behandelt. Allein der Name, den ich trage, ein *brand name*, wie das heute heißt, garantiert mir beste Pflege. Daß er den Leuten, die ihn lesen oder hören, den Kopf verdreht, ist nicht mehr zu ändern. Was soll ich tun? Die Mode ist ja nicht neu.

Hatte Antonio den Punkt getroffen? Hören die Menschen, was sie hören, tatsächlich nur, weil sie glauben wollen, es zu hören? Ich bin aber ein Cello, keine tönende Hostie! Ist denn das Absolute am Ende doch nichts anderes als eine Krankheit der Sinne derer, die sich wünschen, sich zu verwandeln, Ballast abzuwerfen, allen Ballast am besten, alles Sterbliche, alles Verderbliche, alles Fleisch? Enorm, die Materialschäden an Leib und Seele der Menschen, die sich mit ihrem Leben herumquälen. Es quält sie der Zustand ihrer Ermüdung – und gleichzeitig haben sie es mit dem Gemurmel ihrer Gedanken zu tun, das keinem von ihnen einen gesunden Schlaf garantiert. Wie ein Morphinist dem Gift ist der vom Musikgenuß Besessene seiner Droge hörig. Er verbraucht das Zeug tonnenweise und kommt doch nie ans Ende seines Glücks. Und so schleicht dieser Mensch, veredelt vom Erlebnis symphonischer Vollendung, hinaus in die Nacht, allein und ruhmlos, und erwartet vom nächsten Tag, dem er hellhörig entgegendämmert, nichts weiter als die schnelle nächste Lieferung. Und das einer Idee zuliebe, die wir Musik nennen.

Das Entzücken, daß es etwas wie mich, ein so altes Stradivari-Cello (das immer noch reist und alles andere ist als ein Museumsstück), auf dieser Welt überhaupt noch gibt, befällt selbst Leute, die mich – wie soll ich das nennen? – amerikanisiert haben. Oder wie hört sich die international auf ›Strad‹ beschleunigte und inzwischen allgemein gebräuchliche Abkürzung meines Namens an in Ihren Ohren? Meinen jedenfalls tut dieser Slang weh, mag er auch als Kompliment gedacht sein. Hat das Wall Street Journal ein Gofriller jemals Gof oder ein Montagnana Monty genannt? Aber trotzdem, ich kann mir nicht helfen, wird mir regelmäßig leicht schlecht, wenn einer dieser Auktionäre bei einer Versteigerung in Fahrt kommt mit seinem Kehlkopf, seinem Zungenflattern und dem Singsang seiner Zahlenreihen, die er wie Schneegestöber über die Köpfe der Leute im Saal niedergehen läßt, um dann, die Reliquie eines ebenholzglänzenden Hammers in der erhobenen Hand, zum Schlußakkord auszuholen. Peng! Das aufgerufene Objekt Nummer soundsoviel geht an diesen Herrn dort!

Auch das gehört zu meiner Biographie.

Wer zahlt, ist um keine eigene Hoffnung reicher. Es ging alles drunter und drüber und kaputt in Kriegen und Weltkriegen, nur nie die Kunst. Alles war Krieg und Krepieren auf Erden, und dann tauchen aus den Verstecken *wir* auf, die Zerbrechlichsten, jedes Instrument kostbar wie der Kopf eines Kindes. Es überreizt die Vorstellung der Sinne mehr als Geld, daß es möglich ist, noch immer der Unwiederholbarkeit einer Erfindung zu lauschen, an der mein Vater so prominent beteiligt war. Wie lange das zurückliegt, wie lange! Fast ist es, als hörte ich noch das Echo einer letzten Bemerkung, die Mona Lisa ihrem Maler zukommen ließ, bevor er sie, aber mit für immer verschlossenen Lippen, verewigte.

Ich war, fällt mir dazu ein, einmal anwesend, als zwei englische Herrschaften, versunken in den Polstersesseln ihres

Clubs, die Überlegung anstellten, ob dem Rätsel um Mona Lisas Lächeln nicht doch beizukommen wäre. Sie gingen der Reihe nach die Vielzahl der Theorien durch, die aufgestellt worden waren – sie kannten die Literatur –, als eine dritte Person sich mit der Behauptung einmischte, das Rätsel sei keines und auch nie eines gewesen, handle es sich dabei doch um Leonardos, des Malers, eigenes Lächeln, gemalt auf den Mund eines Mädchens.

Mein Status als nie alternder Star hat den Vorteil, daß ich weitgehend sowohl von Stümpern in allerlei Orchestern ebenso verschont blieb wie von wohlhabenden Angebern und bemühten Dilettanten – ein Schicksal, um das mich meine große und anonyme Verwandtschaft beneidet. Daß meine Fans dabei übertreiben, belustigt mich inzwischen. Es ist wie ein Schwimmen in Samt. Bei meist gleichbleibenden Temperaturen fühle ich mich verwöhnt wie ein Kleinkind, und das in meinem Alter.

Schön ist das.

Ich bin glücklich. Ich bin es, der die Musik vollendet, die der Virtuose spielt. Das ist, was uns Instrumente betrifft, Seligkeit.

Ich spüre bei jedem Konzert, daß ich etwas Besonderes, eben ein Stradivari, bin. Trägt mich mein Cellist hinaus auf das Podium, starrt das Publikum nicht ihn, sondern mich an. Ich bin eben nicht nur einfach ein Cello, sondern das Kind meines Vaters, ein Kunstwerk eigenen Rechts. Und ich bin Mara, eine Legende. Mozart hat mir zugehört, Haydn, Groß- und Kurfürsten, Königinnen und Könige, die Alte und die Neue Welt, alle Erdteile dieser Welt. All das ist überliefert. 1820 zum Beispiel, als George IV. zum König von England gekrönt wurde und ein gewisser John Crosdill seinem Herrscher, der als Prinzregent – schon damals allerdings lieber Lebeals Staatsmann – sein Celloschüler gewesen war, auf dessen Geheiß ein Konzert gab. Der König schloß, als er sicher war, Crosdill hatte zum Bogen gegriffen und mich, auf Hochglanz poliert, vor sich, und weil er gleich für ein paar Minuten abschalten und mit sich allein sein konnte, die Augen.

Ich kannte ihn noch als Prince of Wales, als sich Crosdill redlich Mühe gab, ihm was beizubringen. Er hatte keine Ahnung, ehrlich gesagt, auch keine Begabung, eigentlich auch kein Interesse. So war auch sein Gesichtsausdruck wie der während der Zeremonie seiner Krönung. So sieht einer aus, der gerade ein schlechtes Geschäft macht; seine Verwandlung vom Prinzen in einen Regenten, und das mit Pauken und Trompeten. Was war mit Crosdill und seinem angeblich sagenhaften Cello? Er sah ihn musizieren, hörte aber nichts und begnügte sich, das Funkeln des Krönungsrings interessanter zu finden. Muß die Musik immer ihre Prunksucht raustrompeten? Und das immer mit einer Lautstärke, als wolle sie selbst Politik machen! Ja, Politik! Konzerte sind auch Schlachten, und wenn nicht das, dann zumindest Bestandteil der Diplomatie. Es ist klug, das sah der König ja ein, daß hier die Musik anders klingt als die, die man für sich fiedelt, privat eben und nur so zur Freude. Der strenge Ton von zwei Dutzend Trompeten ergibt vielleicht keine angenehme Musik, ist aber ein Maß, ein Befehl, und eine Einschüchterung seiner Untertanen obendrein; wie das ganze pompöse Hofzeremoniell hier auch.

Wir, Crosdill und ich, hatten – wie der schläfrige, von allem um ihn herum gelangweilte König ganz richtig bemerkte –

nicht viel zu tun, nichts als das Schaben der obligaten Stimme, also Zeit genug, das pausbäckige, auch sonst weichgepolsterte Etwas von König bei der Schwerarbeit seiner Thronbesteigung zu betrachten. Verneigungen, Knickse, Choräle, das Defilee der Diplomaten und Gesandten, die Phalanx der Admiralität, der Marineoffiziere, die Hochwürden (diese blutfurzenden Gottesdiener, wie Majestät zu scherzen beliebte) und, ach, erst die ebenfalls anwesende Weiblichkeit: Gerstenschleim trinkende Gespenster die meisten, Geschöpfe, die zu bedauern Zeitverschwendung wäre, mißraten, elend, von ihrer Häßlichkeit ebenso blamiert wie von ihrer Unfruchtbarkeit und der Untreue ihrer Männer. Der Kopf des Königs dampfte. Kiloweise Kleidung hüllte den Rest ein, bis auf die Hände, kaum groß genug für den Ring, den er trug.

Mir war der Gedanke, ihn ausgerechnet auf ein Cello anzusetzen, schon immer seltsam, wenn nicht ziemlich schwachsinnig vorgekommen. Sein Vater hatte bekanntlich gerade deshalb abdanken müssen. War Verblödung erblich, und sah es nicht aus, als sei George's Gesicht darauf die Antwort? War seine morganatische Ehe mit der Fitzherbert wirklich eine Sache der Leidenschaft – oder nicht auch nur Schwachsinn? Über den Handschuh getraut mit einer doppelt verwitweten Katholikin, Scheidung, neue Ehe, die auch nicht besser lief, aber gegen seinen Willen, den seine Regierung ignorierte, nicht erneut geschieden werden durfte? Schicksal, Schwachsinn? Zumindest hatte er soviel Anstand gehabt, wenigstens nicht auch noch mich persönlich zu belästigen. Er ließ die Hände von mir, und zwar kategorisch, lehnte jedes Angebot Crosdills ab, es auch, nur einmal, wenigstens mit einem Menuetto mit mir zu versuchen. Ist es möglich, daß er Angst davor hatte, daß ich ihn beherrschen könnte, ihn, den Herrscher über ein Weltreich? Er war rücksichtslos, Skandale belegen das – nur mir gegenüber war er es nicht; ich müßte lügen. Er war keiner, der sich einschüchtern ließ, auch nicht von der Tatsache, wie unbeliebt er beim Volk war – ich war die Ausnahme. Vor nichts schreckte er zurück, nicht einmal vor Napoleon – nur ausgerechnet vor mir, einem geborenen Stradivari. Nein, auch Hemmungen kannte er keine, er, der jetzt den König mimen mußte, wo er doch so gerne weiter nichts als, königlich genug, den selbstverliebten Dandy gegeben hätte – Hemmungen, sonderbarerweise, ausgerechnet mir gegenüber. Seltsam, nicht? Fühlte er, ungeschickt, wie er sich mit mir anstellen würde, seine Sterblichkeit, die zu leugnen ja Pflichtfach war für seine Untertanen? Interessant, daß er den Unterschied begriff. Nicht einmal seinen Ärzten war es erlaubt, sie zu debattieren, mochte ihnen sein Blutdruck auch noch so besorgniserregend vorkommen. Und erst recht hatten seine Mätressen die Pflicht, ihn das Nachlassen seiner Kräfte vergessen zu lassen.

Er war eine Episode in *meinem* Leben, nicht ich eine in seinem. Er muß das gewußt haben. Eine demütigend kurze Episode, ein Intermezzo, eine Bagatelle, musikalisch gesprochen.

Ich dagegen bin nicht totzukriegen, das ist bewiesen. Und gerade das ist es ja wohl, was ein weltweit exklusives, auf Höchstpreise, Höchstleistungen und höchste Erregung versessenes Publikum so begeistert, daß es mich gibt, *wieder* gibt, und, falls es die Geschichte, die ich Ihnen schulde, bereits kennt, wie gut es mir wieder geht – und wie ich wieder klinge. Sternenstaub, vom Regen vom Himmel gespült, so der stocknüchterne Kommentar einer Hofdame damals.

Mein Namenspatron, Sohn eines böhmischen Cellisten, war ein schlimmer Finger. Seine solistische Karriere, für die er begabt genug schien (*ein schöner Mann und ein ausgezeichneter Violoncellist*, galt er den einen, *gewiß einer von den größten Genies*, den anderen), scheiterte an seinen Lastern, seiner Lust auf Frauen, seiner Verschwendungssucht und der Angewohnheit, immer unmäßiger zu trinken. Dabei hatte ihn Prinz Heinrich von Preußen gerade erst zu seinem Kammermusiker ernannt, für jeden Musikus damals ein Glücksfall. Mara nutzte sein Glück gleich noch gründlicher, indem er es während eines Konzerts in Potsdam auch noch schaffte, der gefeierten Sängerin Gertrud Elisabeth Schmehling, die am Hof auch unter Vertrag stand, in die Augen zu schauen. Und wie! Das konnte er, ich erinnere mich, noch besser als Cello spielen. Und die Sängerin? Sagen wir es so: sie erschrickt, ist verlegen, verwirrt, blind für Sekunden, will diesen Blick abstreifen, will lügen, will die Kraft, die sie trifft, nicht auch noch sehen. Es hilft nicht, daß sie nachdenkt. Immer mehr Blut treibt ihr den Herzschlag hoch, sie weiß nicht mehr, wie sie es fertigbringt, sich auf den Beinen zu halten, wie lange noch; gleichzeitig ist da aber etwas, das sie doch kennt, schon lange kennt, und immer erwartet hat. So passiert es also, so passiert, fühlt sie, Liebe. Dabei hat man gar keine Zeit dafür, nicht jetzt, nicht mitten in einer aria amorosa. Und die Kadenz mit ihren Trillern und Sprüngen steht ihr doch erst noch bevor. Lieber Himmel, was soll sie nur mit all den Noten und ihrer plötzlich knappen Luft machen? Als Gesangskünstlerin, die sie bis dahin mit der Ausschließlichkeit einer Jungfrau gewesen war, ist sie in der Versuchung, der sie erliegt, mit einem Mal gefährdet. Es flattert der Atem, es schleifen die Koloraturen, kein Ton steht lange genug still.

Mara lächelt. Er hat es geschafft, er hört es.

Den Freunden der Tonkunst, auf die gleichnamigen Leipziger Blätter abonniert, wurde der Fall damals folgendermaßen zu Gemüte gebracht: *Mara, des vertrauten Umgangs mit Weibern nur allzukundig, wie Gertrud solchen Umgangs mit Männern gar nicht, bemerkte bald den Eindruck, den er auf sie gemacht hatte; bestürmte sie nun, wechselnd mit leidenschaftlichen Aufreizungen und herrischer Übergewalt, und riß so ihre, sonst starke, feste Seele gänzlich an sich.*

Das war 1773, und noch im gleichen Jahr heirateten die beiden – was Mara auch deshalb beglückte, weil er zu lange schon chronisch knapp bei Kasse gewesen war, nun aber auf die weitaus bedeutenderen Gagen seiner Ehefrau zurückgreifen konnte – und das auch ausgiebig und ungeniert tat.

Er war auch sonst nicht zimperlich, sich durchzusetzen. In seinen *Musical Memoirs* erwähnt ein mir unbekannter Mister Parke die Kleinigkeit eines blauen Auges, das Mara seiner Frau verpaßt haben soll (was stimmt!), und das ausgerechnet vor einem Konzert zu Ehren Friedrichs des Großen. Sich die Veilchen zu überschminken hatte sie inzwischen raus, aber diesmal war die ganze rechte Gesichtshälfte geschwollen. Die Sängerin, indisponiert, wie sie war, sagte untröstlich ab – und Mara gehörig die Meinung.

Nur, was half es?

Sie hätten den Burschen, wenn er tobte, erleben sollen, wenn er nach einer langen schlechten Nacht (nach diversen Würfel- und Kartenspielen) heimkam, nicht selten ohne Perücke, die bei einer Rauferei draufgegangen und verloren war, wenn er, seine vom Tabak verfärbte und nach Fusel stinkende Zunge mit den Zähnen kauend, der Welt Ohrfeigen androhte, und das in einem einsamen weinerlichen Schreikrampf, und sich dann, bevor er ganz den Faden verlor, seinen Dienstherrn, den König, vorknöpfte, ihm Prügel androhte, eine gehörige Abfuhr, wobei er eine Erschießung oder gleich ganz eine Revolution nicht ausschloß ... Madame Mara langweilte sich dabei immer ein wenig, hielt sich nur müde die Ohren zu, in der Hoffnung, sie könne mit dieser Geste die Lautstärke auch für etwaige wach gewordene Nachbarn drosseln. Mara fielen andere Übeltäter ein, die er sich gleich auch noch vorknöpfen könnte, seine Gläubiger, die Hofbeamten, denen ein Musikus, auch wenn er ein königlicher war, nicht mehr bedeutete als irgendein Friseur oder Kutscher oder Hufschmied, ein Angestellter halt, ein Arbeiter, noch dazu einer von jener Sorte, die im Verdacht stehen, nichts sehr Brauchbares zu produzieren. Was war der Herr? Violoncellist? Nein, keine Beweise. Es reichte, was sie an Musik alles zu überstehen und durchzusitzen hatten an Feier- und Festtagen. In gute Laune, versteht sich, versetzte die Beamten das immer ernste, immer eintönigere Einerlei der offiziellen Musik nicht gerade. Und sie ließen es Mara spüren. Der plante, es war fast schon wieder hell draußen, auch ihre Hinrichtung, sobald er nur ausgeschlafen war. Kaum war er das, hatte er alles vergessen und suchte in hilfloser Kleinarbeit schon wieder Schubladen und Schränke ab nach etwas Trinkbarem. Er hatte Durst, er hatte Dienst, er hatte rissige Nerven.

Noch brachte er das Kunststück fertig, sehr gut zu spielen, und das nicht nur, wenn er mich im Arm hatte. Alles hing ja ab von ihr, die das nötige Kleingeld verdiente mit ihren Gagen. Ihr Herz war in Quarantäne zu halten, wenn er leben wollte, wie er mußte.

Und so machte er weiter wie immer, trieb sich herum, trank und häufte, als auch die Gagen der Gattin nicht mehr reichten, neue Schulden an. Seine Frau sang (mit einem Stimmumfang, der vom ungestrichenen G bis zum dreigestrichenen E reichte) das nötige Kapital zusammen und versuchte geduldig liebend, ihre Ehe zu retten. Dazu gehörte ein gemeinsam geplanter Fluchtversuch vor den Gläubigern des Königl. Kammergerichts (der scheiterte) und ihre Fürsprache für ihn, die Mara vor Festungshaft bewahrte. Irgendwann, so um 1780 herum, machten sie sich beide schließlich aus dem Staub. Zuerst nach Wien, nach Paris bald, weiter nach London schließlich, ich immer dabei.

Frau Mara, wenigstens *sie* hoch angesehen, sang u.a. auch in Wien ein Konzert, von dem Mozart, der anwesend war, seinem Vater in einem Brief nach Salzburg berichtet, datiert auf den 24. November 1780. *Als die Erste Sinfonie vorbey war, traff es Mad. Mara zu singen – da sah ich ihren H:Gemahl hinter ihr mit einem violoncell herschleichen.* Ein Engagement seiner Frau betrachtete Mara grundsätzlich immer auch als das eigene, auch wenn davon ausdrücklich nie etwas in den Verträgen stand. Aber er sah das so. Der Alkohol hatte ihm die Skrupel ausgetrieben. Er scherte sich einen Dreck um höfische Üblichkeiten. Und Höflichkeiten unter Kollegen interessierten ihn auch nicht, noch weniger die Hackordnung unter den diversen Direktoren hinter oder den Solisten in einem ihm unbekannten Orchester. *darauf gieng die aria an – GiovMara stunde wie ein armer sünder mit dem Baßl in der hand hinter seiner frau – als sie in den saal ein tratten, waren sie mir beyde schon unerträglich – denn so was freches hat man nicht bald gesehen.* Mara, schreibt Mozart weiter, *beschimpfte das orchestre.* Und: *Alles war über die impertinence des Mara aufgebracht.* Er auch? Er auch! Und wie! Ausgerechnet Mozart, dachte ich. Er regte sich, ein bißchen zu ausführlich für meinen Geschmack, tatsächlich über einen Querschläger auf, der er doch selbst so oft war. Verdächtig, verdächtig. Glaubte er denn, was er seinem Vater da an Klatsch auftischte, wirklich? Oder wollte er dem besorgten Herrn Papa nur die Hoffnung einreden, er, sein Sohn, habe an Diplomatie dazugelernt – er, dem in seinem eigenen schwierigen Überlebenskampf in der Kaiserstadt gerade diese Begabung so völlig abging?

Aber zurück in die Arena. Mara stellte klar, daß keiner außer ihm das Cello spiele, sobald seine Frau den Mund aufmache. Es kommt zum Streit. Es wird verhandelt, gestikuliert, geschrieen. Es wird heiß unter den Perücken. Schließlich, der Kurfürst will endlich Musik hören, der Kompromiß – und das Konzert. *Sie sang ihre 2 arien ohne von ihrem Mann accompagnirt zu seyn.* Dann, im zweiten Teil, mit Mara (und mir) am ersten Pult, weitere Gesangsstücke.

Mozarts Urteil? *wenn sie sie kennen sollten die 2 Leute, man sieht ihnen den stolz, grobheit, und wahre Effronterie im gesichte an.* Und, speziell was Mara betrifft, kurz und bündig: *ein Elender violoncellist.*

Mag sein, mag nicht sein. Unbestreitbar ist, daß er jedenfalls wußte, wie man Frauen bei Laune hält, auch die eigene. Darin war Mozart, Pech für ihn, weniger begabt. Sie hätten, meine ich, einfach einen trinken gehen sollen, die zwei, und das am besten in weiblicher Gesellschaft. Mara hätte es bei seinem Talent sicher geschafft, Mozart und seine Gäste in Stimmung zu bringen. Und sich auch sonst um alles gekümmert, wie ein halbes Jahr zuvor beim Earl of Exeter auf dessen Landsitz. Da saß man zu Tisch, als sich Frau Mara zu ihrem Mann beugte und wissen wollte, was mit dem Bordeaux sei, der kredenzt worden war. Mara nahm einen Schluck, prüfte sein Bouquet und stand auf. Draußen suchte er sich unter den Dienern den kräftigsten aus und gab Befehl, eine vierspännige Kutsche aufzutreiben und die Pferde nach London zu peitschen. Er gab ihm seine Adresse und die Kellerschlüssel – mit dem Auftrag, seinen eigenen Wein herzuschaffen. Typisch Mara! Erledigt, sagte er, als er wieder saß – und küßte ihren Hals.

Zwei Jahre lang bereisten beide Italien, erfolgreich. Die Zeitungen schwärmten, vor allem von Maras Frau. *In Ansehung des grossen Umfanges ihrer Stimme, ihrer Leichtigkeit und Fertigkeit könnte man von ihr sagen, was der Verfasser eines sehr schönen Werkes von Voltaire sagt: Es ist eine reisende Schwalbe, die mit Artigkeit und Leichtigkeit die Fläche eines breiten Flusses bestreicht, im Fluge trinkt und sich badet.*

Einmal flog die Schwalbe, allein aus Paris ankommend, auch in Weimar ein, badete nicht, nicht jedenfalls in der Ilm, sondern frühstückte mit Goethe, der ihr zu Ehren auch gleich eine Gesellschaft in sein Haus geladen hatte und gutgelaunt erzählte, wie er jedesmal, wenn er sie im Gewandhaus in Leipzig hatte singen hören, nachher bei *Pfannkuchen und Wein* auf ihr Wohl getrunken habe. Oh vino, oh Pfannkuchen! Mara kriegte sich nicht mehr, als er das hörte. Nach der Leipziger Aufführung der Hassischen Oper Sta. Elena al Calvario, das war 1771, hat er die Feder, wenigstens für Maras Geschmack, zu tief ins Tintenfaß getaucht und ein Gelegenheitsgedichtchen hingekleckst, das der geschmeichelten Madame Sopranistin, wie ich versichern kann, auch dieses Mal das beleidigend grelle Gelächter ihres Gatten eingetragen hat.

Dort, wo alles wohlgelang,
Unter die Beglückten,
Riß dein herrschender Gesang
Mich den Hochbeglückten.

Ich höre noch, wie er dieses artige kleine Sträußlein hohl- und heißwangig Reim für Reim verspottete.

Sie kehrten nach London zurück, Mara müde, kaum mehr noch als der Ehemann (*her worthless husband*) einer mittlerweile bis nach St. Petersburg umjubelten Sängerin. Er trank, betrog seine Frau, haute weiterhin schwungvoll ihr Geld auf den Kopf und prügelte sich mit Nebenbuhlern.

Ein italienischer Flötist war es, der dem Taumel dieser Ehe ein Ende setzte. Frau Mara trennte sich von ihrem Mann.

Mara, das läßt sich nicht beschönigen, war wieder pleite. Er hatte nichts mehr, nur noch mich. Und mich, das war jetzt unausweichlich, machte er zu Geld. So geriet ich unter die Finger von Crosdill.

Mit Mr. Stephenson, einem steinreichen Sammler Cremoneser Streichinstrumente, der am Verkauf beteiligt war, taucht der erste Bankier, der erste Kapitalist großen Stils, auf der Bildfläche auf. Während sich Maras Spur verliert. Ein, zwei gute Kritiken in Berlin. Kein Orchester, hieß es, hätte sich seines Spiels zu schämen. Sein Ende war traurig. Er vagabundierte noch eine Zeitlang durch Deutschland und landete dann, in Gesellschaft von Schmugglern, in Holland, wo, wie wir in einem Tonkünstlerlexikon jener Jahre lesen können, »sein unseliger Hang zur Trunkenheit so überhand nahm, daß er, nachdem er alles Ehrgefühl schien verloren zu haben, Tag und Nacht in Matrosen-Herbergen und elenden Bierhäusern zum Tanze aufspielte, bis ihn endlich der Tod, im Sommer 1808, zu Schiedam bey Rotterdam, von diesem elenden Leben befreite«.

Verschnaufen wir einen Moment.

Gelegenheit, mich anzuschauen. Hills Expertise – ich habe vergessen, welcher der vielen Hills, die einmal von London aus, vom Großvater bis zum Urenkel, den Markt beherrscht hatten –, es war – ist, wie ich denke, die hilfreichste. Also los. Oder nein, einen Augenblick noch, denn Hill beginnt mit der (natürlich längst nicht mehr entscheidenden) Feststellung: Der Zettel ist echt. Richtig, ist er, was mich betrifft. *Antonius Stradivarius Cremonensis faciebat.* Dahinter, handgeschrieben und abgestempelt, die Jahreszahl. Das mußte sein, bestätigt mittlerweile aber leider nur noch sehr selten die Echtheit irgendeines Instruments, denn viele der tatsächlich echten Zettel wurden (von ausgesuchten Hehlerhänden) aus den Meisterinstrumenten entfernt und dort dann durch gefälschte ersetzt, während sie die authentischen, die originalen Zettel in Imitationen klebten. Aus eins mach zwei, macht doppelten Profit – und für Ganoven jedenfalls genau die richtige Musik. Jetzt aber zum Wortlaut der Expertise selbst. Decke aus weitjähriger Fichte. Boden aus zwei Ahornhälften in leichter, von rechts nach links aufsteigender Flammung. Schnecke und Zargen von weniger stark ausgeprägter Flammung. Schöner orangebrauner Lack. Das Instrument ist in ausgezeichnetem Zustand, keine Reparaturen (noch keine damals!), mit Ausnahme einer kleinen Fütterung am Rand, die aber unbeträchtlich ist. (Das war Mara mit seinem Glas.) Klingt sehr stark mit maximalem Timbre auf allen Saiten.

Tja, also wenn das kein Kompliment ist; und was für eine Genugtuung, daß es stimmt.

Und nun verrate ich Ihnen noch etwas. Mein Vater würde mich wiedererkennen, auch heute noch. Ich bin nicht nur dem Taufschein und meinem Namen nach sein Kind geblieben, sondern im von ihm erdachten, errechneten Idealmaß. Kein ausgedünnter, innen mit einem Hobel ausgeschabter Boden, keine Manipulationen entlang der Mittelfuge, keine Verkleinerung des Corpus, unverändert die Höhe der Zargen. Wieviel Glück ich hatte, von Operationen dieser Art damals verschont geblieben zu sein. Irgendwann allerdings, um meinen hundertsten Geburtstag herum, lag ich in London dann doch und zum ersten Mal auf dem Operationstisch. Weg mit dem alten Hals, dem Griffbrett, dem Saitenhalter. Die Zeiten waren neu. Und eine Herzoperation war es ja nicht.

Um Ihnen eine Vorstellung zu geben, was ich mit Glück meine, nur eine Andeutung, die ein Instrument betrifft, das mir bei aller Verschiedenheit im Klang ebenbürtig ist (na ja, ebenbürtig ist dann vielleicht doch etwas übertrieben, wenn Sie mich fragen, aber darauf komme ich noch, wenn ich es nicht vergesse), eines der Meisterwerke, was ich gar nicht bestreiten will, des immer stillen, immer bescheiden wirkenden, aber längst auch in der Königsklasse anerkannten Venezianers Domenico Montagnana.

Welches ist besser, welches klingt besser: ein Montagnana oder ein Stradivari? Die breitgebauten, rundgewölbten, voll und wollüstig dunkel klingenden Venezianer (Pablo Casals zum Beispiel spielte auf einem Cello des Venezianers Matteo Gofriller) oder wir, die Cremoneser, mit unserem hellen, kräftig strahlenden, männlich attackierenden Timbre? Cellisten können über den Kampf der Stile und Städte bis zum Umfallen streiten; und da es dabei oft spät wird und die meisten dabei einen heben und, wenn es dann ans Nachhausegehen geht, schon ziemlich wacklig sind auf den Beinen, sind es junge, hingebungsvoll anwesende und allein vom Zuhören elfenhaft inspirierte Mädchen, die auf dem Heimweg die Cellokästen schultern, um die kostbare Fracht heil heimzubringen.

Um das besagte, ein wenig doch bedauernswerte Montagnana, das ich meine, für die sich verändernden Verhältnisse konkurrenzfähig zu machen und seine Spielbarkeit für das virtuose Repertoire zu garantieren bzw. zu erhöhen, hat man es übel hergenommen, hat es schmäler gemacht und noch dazu gekürzt. Doch, doch, Sie haben richtig gehört. Es wurde ganz schön daran herumgeschnitten. Aus der Mitte wurde ein Streifen (von mindestens drei Zentimetern) entnommen – und von oben und unten auch, jeweils ein Halbmond, und den Rest hat man neu zusammengefügt. Aber unerklärlich, und das ist das Seltsame, es klingt immer noch phantastisch (jetzt erst recht, wie die weniger Zimperlichen unter den Kennern der Materie meinen), mit voller, mit wärmender Dunkelheit in den unteren Lagen und leiser, sphärischer, heller Klarheit in den Höhen. Wie das möglich ist? Fragen Sie Mischa Maisky, den lettischen Cellisten, falls der Ihnen einmal über den Weg laufen sollte, denn der spielt es. Im übrigen, glauben Sie nur ja nicht, daß die Leute damals auch nur annähernd die gleichen Skrupel hatten wie die Geigenbauer heute. War ein Streichinstrument beschädigt, ging es mit dem armen Ding eben ab in die Werkstatt, zum Beispiel in die der Mantegazzas in Mailand, die sich schon früh auf diese Notdienste spezialisiert hatten; und dort wurde es nicht etwa vorsichtig und zeitraubend restauriert oder repariert, sondern, fachkundig natürlich, das schon, aber ohne viel Ehrfurcht, einfach mit passendem Fremdmaterial, woher auch immer, wieder aufgepäppelt, also mit fremden Decken oder Böden, mit neuem Hals oder passenden neuen Schnekken versehen. Man hat an Holz genommen, was herumlag. Es ging den Mantegazzas (und anderen Meistern dieser Art Fachbetriebe), auch bei anerkannt großen Kalibern wie denen aus Cremona, nicht um die Wiederherstellung der Originalität eines Instruments, sondern ganz praktisch darum, es wieder seinem eigentlichen Zweck zuzuführen, was heißt: spielbar zu machen.

Das nächste Jahrhundert verbrachte ich in England, viel mehr gibt es nicht zu sagen.

Doch, eine Kleinigkeit. Es hilft vielleicht, wenn Sie sich bitte kurz vorstellen wollen, Mozart, gerade mal blühende zweiundzwanzig Jahre alt, quietschvergnügt und damals bis über beide Ohren in die Sopranistin Aloysia Weber verliebt, sitzt (endlich ohne die Frau Mutter als Aufpasserin daneben) mit ihr in einer Kutsche. Kleiner geschäftlicher Ausflug an den Hof von Kirchheimbolanden, wo man zu einer musikalischen Soiree geladen ist. Er hat nur Augen für sie. Er redet, er lacht, er spielt den Lausbub. Wie soll sie singen am Abend und in welchem Kleid, wenn er nicht aufhört mit seinen Fingern? Da, ein See, ruft sie. Schau, Wolferl, versucht sie ihn abzulenken, schau, wie das Wasser glitzert, siehst Du? Er faßt sie an den Hüften, zieht sie noch enger an sich und gibt ihr ein Busserl und noch eins. Alles, was er sieht und fühlt, glüht und sprüht und blüht und gleißt und beißt und ... (Bitte, Wolferl, bitte nicht, unterbricht ihn Aloysia, nicht schon wieder was Unanständiges, und hält ihm den Mund zu!) Eine Gelegenheit, ihr wenigstens die Hand zu küssen! Am liebsten würde er sie in den Mund nehmen, und nicht nur die Hand, weil alles so glitzert und glatzert und glotzert da draußen in der schönen Welt. Komm, Loyserl, ruft Mozart und lacht immer noch (wie er auch das konnte, lachen!) und macht gleichzeitig dem Kutscher Zeichen, er solle anhalten. Er springt aus der Kutsche, läuft zum Ufer und springt samt Schuhen und Perücke hinein – und (und nun wird es ernst) taucht nicht wieder auf, wenigstens nicht lebend. Schade eigentlich. Endlich war er einmal glücklich gewesen.

Andererseits, was wäre ihm alles erspart geblieben? Der Tod der Mutter, die Zurückweisung durch Aloysia, auf die er es ja zuerst abgesehen hatte, das Elend seiner vergeblichen, im Grunde unerwiderten Liebe zu deren Schwester Konstanze, die er dann als Trostpreis bekam, die nie endenden, vorwurfsvollen Einmischungen seines rundum besorgten, ewig mahnenden, nie zufriedenen Vaters, dieses Angsthasen. Ihm wäre sein armseliges Vagabundieren von einer Adresse zur anderen erspart geblieben, in Wien das zuletzt immer schwierigere Geldverdienen, das Abfassen und Zustellen seiner Bettelbriefe, die Gleichgültigkeit ihrer Empfänger, das Scheitern, die Mißerfolge seiner Akademien. Mozart, wer? Vier, fünf Zeilen für die Nachwelt, mehr sicher nicht, in irgendeinem Lexikon. Was hatte er denn zu bieten? Erstes Streichquartett in G-Dur, die Violinkonzerte, nun ja, gekonnte Kostproben eines viel und vieles versprechenden Jugendlichen, aber die großen Brocken, die Sachen für die Ewigkeit? Kein d-moll-Klavierkonzert! Keine A-Dur-Sonate! Kein Requiem, natürlich nicht. Nehmen wir die Opern. Hochzeit des Figaro? Don Giovanni? Zauberflöte? Keine Spur. Stattdessen stünde da Apollo und Hyazintus, Lucio Silla, Mitridate, Rè di Ponto – alles nicht gerade *die* Meisterwerke. Kleinigkeiten eher gegen das, was als sein Spätwerk berühmt und unsterblich wurde. Aber es gibt kein Spätwerk. Mozart ist schließlich, wie Sie sich ja, mir zuliebe, vorstellen wollten, ertrunken. Übrigens, Aloysia Weber hat nicht auch nur einen Augenblick lang daran gedacht, ihm nachzulaufen, sondern ging, den Quälgeist endlich los, die Koloraturen durch, die sie am Abend singen würde.

Das Schicksal, das Mozart erspart geblieben ist (und man muß sagen, wenigstens *dieses* Schicksal ist ihm erspart geblieben!), traf einen jungen, ebenfalls aufregend frühreifen Engländer, der geboren schien, der Mozart Britanniens zu werden. Er legte auch gleich dementsprechend los. Mit 1756, dem Zeitpunkt seiner Geburt, hat er sogar das Geburtsjahr Mozarts getroffen. Und musikalisch war er – jedenfalls glaubte das die Musikwelt Londons damals – vergleichbar großartig, von Anfang an. Fragen Sie mich nicht, nicht nach so vielen Jahren, was er als Komponist wirklich getaugt hat. Ich habe nie eine Note von ihm gespielt, damals nicht und später auch nicht. Aber Linley, das stimmt, war ein musikalisches Wunderkind und stand, da war er gerade mal sieben Jahre alt, mit seiner Geige zum erstenmal auf dem Podium (und auf Anhieb im Beifall). Und jede freie Minute kritzelte er Noten. In Florenz sind sich er und Mozart (als Vierzehnjährige) sogar einmal über den Weg gelaufen. Aber dann passierte eben das Unglück, und das nicht nur in meiner Phantasie, wie eben gerade kurz vor Mannheim. Da, ein See. Thomas Linley, zweiundzwanzig Jahre alt, mit seinen Eltern in der Sommerfrische auf Grimsthorpe Castle, kippt vom Kahn, mit dem er allein hinausgerudert war, und ertrinkt.

Wer sich von der Zukunft der Musik ein weiteres Wunder erhoffte, war schockiert.

Und heute? Linley, wer? Dabei fällt mir ein, daß ich inzwischen tatsächlich der einzige bin, der sich seiner noch leibhaftig erinnert, seiner frühreifen Schwermut, seiner Eleganz und Extravaganz (die eine, flamingofarben gefärbte Strähne in jeder seiner Perücken war berühmt und Anlaß für wildromantische Ohnmachtsanfälle gewesen) und seiner, trotz der umflorten Augen, jugendlichen Schönheit – die Mozart in Florenz auch aufgefallen sein muß und ihn nicht gerade getröstet haben dürfte.

In England waren wir Stradivaris schon immer was ganz Besonderes. Antonio hatte sogar einmal eine Gambe extra für den englischen Hof angefertigt. Und der Herzog von York hatte sich von einem venezianischen Bankier einen Quintettsatz Streichinstrumente aus unserer Werkstatt schenken lassen, jedes Instrument mit Intarsien aus Perlmutter und Elfenbein – wobei ich mal vermute, daß es sich dabei um das Honorar für irgendein kleines schmutziges Geschäft, eine Gefälligkeit unter Gentlemen gehandelt haben dürfte, nicht das erste (und ganz sicher nicht das letzte) im Namen einer Leidenschaft, die unseren Namen trägt.

Die Engländer waren unzurechnungsfähig, wenn sie erst einmal mit dem Sammeln von etwas begonnen hatten, erst recht mit italienischen Instrumenten, mit uns Cremonesern vor allem. Und das, ob einer nun Ahnung von Musik hatte oder nicht. Es erwischte auch Leute, die weder dem Adel noch der Kunst nahestanden, wie diesen Kohlenhändler, diesen Banausen, der plötzlich, weil es Mode war, eigene Konzerte veranstaltete (mit aus seinem Besitz stammenden Instrumenten natürlich), oder jenen Großschlächter aus Glasgow, der unbedingt auch mithalten wollte, zumindest, was das Geldverdienen mit italienischen Gamben, Geigen, Bratschen und Celli anging. Er kaufte, was an italienischen Instrumenten auf dem Markt war – nur um sie für das Doppelte weiterzuverscherbeln, wie einmal eine Geige an eine krankhaft pathetische deutschstämmige Baronin, die sich von diesem Besitz das Glück versprach, sich vielleicht einen Musiker angeln zu können.

John Crosdill habe ich schon erwähnt, königlicher Kammermusiker und Gentleman, ein gediegener, geschmeidiger Spieler, ich hatte die Erholung verdient. Acht Jahre schleppten mich seine Lakaien herum (der Holzkasten, in dem ich, festgezurrt wie ein Pendel, im Ledersack hing, war schwer – von Fiberglas, aus dem Cellokästen heute hergestellt werden, noch keine Spur). Man bettete mich in Postkutschen, mit denen wir nach Leeds oder (jeden Sommer) nach Bath unterwegs waren, trug mich wie einen Sarg durch die Korridore adliger Villen, durch marmorne Hallen, durch endlose Zimmerfluchten, private wie königliche. Es war angenehm, verwöhnt zu werden, auch wenn ich insgesamt mehr entstaubt und poliert wurde als gespielt. Viel Aufsehen erregte ich nicht (kein Vergleich zu dem, was dann kam), mein Ruhm war, wie ich ja auch, noch jung, und die Aristokraten, selbst ruhmreich, nahmen die Sache gelassen.

Zum Glück für ihn (und mich) heiratete Crosdill bald darauf eine wohlhabende Witwe und zog sich danach immer mehr vom Konzertbetrieb zurück. Für mich hieß das: Schluß mit den Hofbällen, den Soireen, Paraden, Jagden, Feuerwerken und Festgelagen, den theatralischen Aufführungen und musikalischen Akademien.

War das meine Chance? Oder war ich weiter dazu verdammt, zu warten, bis die gutgemeinten, aber kläglichen Bemühungen junger harfe- oder klavierspielender Damen vorbei waren, um danach dann von einem Hofmusiker mit einer kleinen Komposition für Cello und Oboe belästigt zu werden, zur Unterhaltung dargeboten vor einem kleinen Kreis ziemlich steifer Herrschaften, die alle nicht zuhörten, sondern sich unterhielten, über alles mögliche, eine Reise nach Capri, einen gerade erst aus Neapel angereisten Kastraten, die

Unzufriedenheit mit Gesetzen, die, wenn sie vom König unterschrieben würden, manche ihrer Privilegien verkümmern ließen – und die dabei, entweder in Gedanken bereits im Parlament oder einfach nur schläfrig und halb auch schon eingenickt, pürierte Kartoffeln und Hasenbraten verdauten – und ansonsten herumzustehen und dem zeitraubenden Nichtstun zweier alter Leute beizuwohnen?

Leben kam erst wieder in die Bude, als Crosdill mit John Betts, einem Fachmann und in London einer der ersten Adressen für uns Stradivaris, wegen eines Verkaufs verhandelte. Ankaufspreis: hundert Pfund. Verkaufspreis (bezahlt von einem Mr. William Champion), ein paar Monate später: hundertfünfzig Pfund. Mein Gott, ich hätte – bei noch mal fünfzig Pfund mehr und als Dreingabe ein paar Steinchen – genausogut bei einem indischen Maharadscha landen können, der sich damals einen Abend lang auch für mich interessierte, dann aber abschweifte und sich über die Intelligenz von Elefanten ausließ.

Zwei Jahre in der Obhut eines mehr vorsichtigen als begnadeten Celloliebhabers, an die ich mich nicht erinnere. Ein Champion auf dem Cello war er jedenfalls nicht. Wie oft, offen gesagt, habe ich damals an Mara gedacht und ihm alles verziehen, was immer er auch in seinem Leben angestellt haben mochte. Dieser Kerl hätte es auch mit jenem Zauberwesen aufgenommen, das drei Wünsche verschenkt, die alle auch in Erfüllung gehen. Nur drei? Mara hatte mehr als drei Wünsche, in jeder Minute seines Lebens mehr als drei. Nur den einen, den Wunsch aller Wünsche, den nämlich, nicht sterben zu müssen, hätte er, da bin ich mir sicher, bei seinem Flirt mit der Fee glatt vergessen.

Ob ich auch Wünsche habe, auch drei? Ach nein, lieber

nicht. Auch nicht den, ewig leben zu wollen. Wozu auch. Ich bin ja auf dem besten Weg, dreihundert zu werden. Das sind wie viele Ewigkeiten? Wie viele Epochen? Wie viele Menschenleben? Und was habe ich nicht schon alles hinter mir? Ebensoviele Jahre Musikgeschichte! Ganze Generationen von Komponisten, Cellisten, Bewunderern! Die Pest! Kriege! Untergegangene Reiche! Mehr Vergangenheit, als ich hinter mir habe, verträgt kein Gedächtnis. Und alles in einer Lebenszeit. Alles änderte sich, alles, nur ich nicht! Während die Welt feiert, was jung ist, jung, neu und dynamisch, heißt die Devise des Handels mit Streichinstrumenten: *Alter ist alles!* You can't fight age, wie Charles Beare (der mich vor kurzem, vor noch nicht einmal zehn Jahren, nach Deutschland verkaufte) seinen Kunden gern sagt. Unsinn, ein Stradivari ändern, modernisieren, Verbesserungen an ihm vornehmen zu wollen. Obwohl, obwohl ... aber dazu komme ich gleich noch.

Ein für allemal gilt, was mich betrifft, nur *ein* Interesse, das meiner Sicherheit, meiner Unversehrtheit. Bis heute. Ich lag in scharlachrotem Samt so weich wie auf Blütenstaub. Ich reise erster Klasse mit eigenem Ticket. Niemand kommt mir zu nahe, nur mein Spieler. Aber um ehrlich zu sein, wünsche ich mir manchmal insgeheim doch etwas, eine Kleinigkeit – einen Russen. Halten Sie mich für sentimental oder altmodisch oder abergläubisch, aber ich denke, Sie verstehen. Einmal von einem russischen Cellisten gespielt (fast hätte ich gesagt: verwöhnt) werden, einem jungen, draufgängerischen, unverschämt begabten Russen. So ganz aus der Welt ist der Wunsch ja nicht, oder? Russen waren immer schon verrückt nach uns, angefangen bei den Zaren. Es hätte mich nach dem Zweiten Weltkrieg auch als Kriegsbeute treffen können, abgestempelt

Konzert im Montagu House, England 1736

mit dem roten Stern der siegreichen Sowjetunion, als Trophäe eines Generals – oder später als Kapitalanlage eines Bonzen oder Geheimnis eines Geldwäschers. Es gibt Russen, die das Geld hätten, mich nach Moskau zu holen. Es gibt jede Menge Russen mit Geld. Und jede Menge Cellisten gibt es auch, die von mir träumen, da bin ich mir sicher. Es gibt sie, sogar in Dörfern, in der Einsamkeit entlegener Provinzen, ich weiß es. Ich könnte ihre Gesichter zeichnen, weil ich ähnliche im Publikum (oben auf den Stehplätzen) in Moskau, in Odessa oder St. Petersburg gesehen habe, ihre Augen, den Ausdruck ihrer Entschlossenheit, eines Tages nicht nur mein Poster in ihrer Studentenbude hängen zu haben, sondern das Kunststück zu schaffen, über die Zäune ihrer Dörfer zu springen, den Zug in die Hauptstadt zu nehmen und das schwierige Glück herauszufordern, der Beste zu werden. So einen wilden Wuschelkopf wünsche ich mir, wenn ich manchmal träume und, wie es so ist, ein wenig traurig werde dabei, jedenfalls traurig genug, um zu hoffen, Wünsche könnten helfen. Traurigkeit ist ein großer Zauberer. Man kann das Staunen darüber nicht nachahmen.

Ich hätte, wenn wir schon dabei sind, noch einen Wunsch, einen, der etwas mit Heimweh zu tun hat. Doch, Heimweh! Ich träume dann davon, einmal mit meinen Geschwistern zu spielen, nur wir, wir vier Cremoneser, ein Streichquartett (wenn ich, liebe Zauberfee, auch die Wahl noch frei hätte, das letzte, das fünfzehnte Streichquartett, komponiert von Dmitri Schostakowitsch, wo er uns Celli singen läßt, uns regelrecht verwöhnt, uns liebt, uns an sein Herz drückt, um nicht weinen zu müssen, um sich, seine Familie, seine Freunde, sein Rußland!).

Dabei fällt mir, nebenbei gesagt, ein, daß Nicolò Paganini, der Genueser, so ein Ensemble von uns besaß, das heute, wenn ich richtig informiert bin, im Besitz einer Nippon Foundation ist, die es dem Tokyo-String-Quartett als Leihgabe überließ.

Das wär's. Einmal Tokyo String, da einmal mitmusizieren dürfen, von mir aus privat, in irgendeiner Wohnung, ohne Publikum. Ob mein Heimweh das noch erlebt? Übrigens, eine, wie die sich nennt, Strad Foundation in Chicago hat uns als Familie ebenfalls komplett, ein in der Musikwelt sogar besonders verklärtes Quartett, weil es wie kein anderes Musikgeschichte geschrieben hat. Aus dem Privatbesitz des Grafen (und späteren Fürsten) Razumovsky, seines Zeichens damals russischer Gesandter in Wien, war es von ihm an Schuppanzigh, Ignaz Schuppanzigh, ausgeliehen worden, an diesen seinerzeit berühmtesten Wiener Kammervirtuosen, der mit seinen Musikern zu Beethoven eilte, wann immer der nach ihnen rief und wo immer er gerade auch wohnte. Besonders häufig gingen sie in der Mölkerbastei ein und aus, damals

Wohnsitz des gutmütigen und großzügigen Johann Baptist Baron von Pasqualati, der dort für den von ihm verehrten Komponisten für alle Fälle im obersten, hochgelegenen vierten Stock, der die schönste Aussicht ins Freie hinaus bot und die größtmögliche Abgeschiedenheit garantierte, immer einige Wohnräume einfach leerstehen ließ. Konnte man denn wissen, wann dieser begnadete, aber ungnädige, ungepflegte, tatsächlich abstoßend häßliche und mehr und mehr von den Menschen und auch schon von Schmerzen unter dem rechten Rippenbogen gequälte Mann die Sommerfrische satt hatte, die er einhielt, wenn in den heißen Monaten die staubige und wasserarme Stadt nicht mehr zu ertragen war und er, wie üblich, erst kurz vor dem mit ersten Stürmen nahenden Herbst beschloß, nach Wien zurückzukommen? Der Rest ist bekannt. *Errettung von Seelenleiden durch Hingabe an eine Tätigkeit!* Razumovsky erteilte dazu die Aufträge – und zahlte, und das anständig. Und Beethoven setzte sich, von Schuppanzigh und seinen Musikern als immer verfügbaren Experimentatoren unterstützt, hin und komponierte eine zweite Serie seiner Streichquartette. Und ich war nicht dabei! Ich muß mir nur allein seine innige, einer musikalischen Phrase vergleichbare Spielanweisung auf der Zunge zergehen lassen, um die Winterstürme über dem Ärmelkanal, der uns trennte, zu verfluchen. Da steht es: op. 59/2, zweiter Satz (Beethoven mag es ihnen weniger ins Ohr gesungen als gebrüllt haben): *Molto adagio, si tratta questo pezzo con molto di sentimento.*

Was ich noch, bevor ich weitererzähle, erwähnen muß, sind die vielen, von jedem meiner Herren Cellisten vorgenommenen Versuche, meinen Klang zu korrigieren. Nein, nicht zu korrigieren, das wäre das falsche Wort, nicht den Klang zu korrigieren, sondern ihn zu beeinflussen, zu modulieren, zu fördern, wie soll ich sagen, dem eigenen Hören, dem eigenen Empfinden gemäß zu gestalten. Vor allem Pezze war einer gewesen, der experimentierte. Mein Gott, wie ich den Mann bewundert (und seinen Übereifer manchmal verflucht) habe. Nicht nur, daß er ein schwalbenfleißiger, mit sich (und das ganz zu Unrecht, wie ich immer fand) immerzu unzufriedener Arbeiter war, der sich, bevor er sich zu mir setzte, zum Frühstück mit einem grünen Apfel begnügte, den er andächtig zerkaute, was wahrscheinlich so etwas wie eine Meditation sein sollte, am offenen Fenster stehend und hoch oben die scheinbar gleichgültige Bewegung der Wolken betrachtend, bevor er, und das täglich, seine sechs, sieben Stunden übte, und das ohne in seiner Konzentration nachzulassen oder an Geduld, an Kraft einzubüßen. Er studierte mich, prüfte meine Gutmütigkeit, mein Reaktionsvermögen. Und immer hatte er etwas auszusetzen. Er hielt mich entweder für extrem wetterfühlig (was ich nur in seiner Einbildung war) oder für eine Diva (da hatte er dann einfach nur schlecht geschlafen und schlechte Laune, denn ich war, an guten Tagen, auch seine Madonna); einmal war ich ihm zu schwindsüchtig, ein andermal zu ungehorsam, zu störrisch, eine trockene Zitrone. Ich erinnere mich an den einen oder anderen heißen Sommer mit ihm in Italien, wenn es dort wieder viel zu lange nicht geregnet hatte und der Luft die Feuchtigkeit fehlte und meinem Klang, wie er sich beschwerte, auch, und er mich, wenn er duschen ging, mit ins Badezimmer nahm, um sich, vor allem aber in erster Linie wohl mich, sein Cello, zu erfrischen. Er war um meine Gesundheit mehr besorgt als um die eigene.

Ich meine, man kann auch übertreiben! Er empfand zwar,

selbst wenn er nur übte, die gleiche glühende Freude wie im Konzert – dachte sich aber, ich konnte es spüren, insgeheim bereits im Kopf neue Unzufriedenheiten aus, die er mit mir haben könnte. Mißtrauisch und wie ein Schachspieler, der er auch war, in unkonventionelle, extrem riskante Gedankenspiele und kombinatorische Finessen versunken (am Brett war er ein Meister des Endspiels), versuchte Pezze sich veränderte Verhältnisse vorzustellen, die er sich alle geduldig notierte, ebenso wie die Möglichkeiten klangbildender Millimeterarbeit, die kaum wägbaren, weil individuell verschiedenen Eigentümlichkeiten der Tonerzeugung, vor allem die im Hinblick auf eine noch durchdringendere Fülle des Klangs, die auch notwendig war, wollte man sich gegenüber den Maßlosigkeiten immer größerer, immer lauter, immer kompakter aufspielender Orchester einigermaßen Gehör verschaffen, notwendig auch bei der sich, zumal in der Blütezeit des Belcanto, machtvoll entwickelnden Virtuosität, die angesichts der Konkurrenz eine immer entscheidendere Rolle spielte – was dann eben, was sonst hätte man tun sollen, hinauslief auf die vielen Arztbesuche und all die kleinen Operationen da und dort, den Aus- und Einbau neuer Stimmstöcke vor allem, ihre Plazierung, all die Versuche mit verschieden starken, verschieden hohen Stegen, Veränderungen sogar des Winkels vom Griffbrett zur Decke (die alle gottlob unterblieben!).

Meine Landsleute haben dem Stimmstock, jenem kleinen, zylindrisch geformten Stückchen Fichtenholz, eingepaßt hinter dem rechten Stegfuß zwischen Decke und Boden, einen Ehrentitel verliehen, sie nennen ihn *anima*, Seele. Nun ja, überaus originell ist das nicht, aber wer weiß schon, wo sich die Seele herumtreibt, was sie ist, wer sie ist und wo sie sich versteckt? Ja, wo? In Unterröcken? Einem Teller Spaghetti? Im Bauch einer Schwangeren? In der Zahlenreihe eines Mathematikers? Ist die Seele nicht einfach das, was morgens nie aus dem Bett kommt und weiterschlafen will? Ist ihr Vorhandensein von Dauer? War sie nicht gestern abend erst im Kehlkopf einer Primadonna assoluta zu Gesang geworden – und was spricht mit größerer Autorität als Gesang? So sind sie, meine Landsleute, was soll man machen. Unser pathetisch immer irgendwie überreiztes Selbstbewußtsein liegt uns im Blut. Seele, das klingt immer gut, und aus dem Mund eines Italieners ganz nach einem Volltreffer.

Pezze, ein Fall besonderer Besessenheit? Ich bin keinem Musiker, der was getaugt hätte, begegnet, der nicht ein bißchen eigenartig, ein bißchen verrückt war (und mehr als nur ein bißchen). Unter den Wertvollsten waren genug ungesund hochtourig veranlagte Individualisten, Ehrenmänner und Strolche in einem, nicht wenige waschechte Wahnsinnige. Kann man darüber vergessen, daß es dabei um Musik geht?

Chevillard, der Belgier, war so ein Fall, der, als er vor seinen König trat, sich zwar tief vor ihm verbeugte, seine linke Hand aber trotzdem nicht aus der Hosentasche nahm. Die gehörte ihm, seinem Gott und seiner Kunst. Sie war zu kostbar lediglich für Höflichkeiten. Sie könne sich erkälten, witzelte man, weil die Hand natürlich im Gespräch war, in Paris ebenso wie in Berlin oder Brüssel. Auf Karikaturen weinte sie, wurde von einem Priester ans Kreuz genagelt, lag, wenn Chevillard schlief, abgeschraubt neben den Bögen und Noten auf einem Tisch oder, wenn er reiste, in einen Handschuh aus Rehleder gekleidet in einem Koffer; die nach Ansicht seines Publikums gelungenste Parodie zeigte eine Hand, die Geld zählte, um es, wie mit ein paar Strichen im Hintergrund angedeutet, auf eine (wie ein Dom gebaute) Stradivari-Bank einzuzahlen. Und es stimmte, viele gingen (zu Schwarzmarktpreisen) in seine Konzerte nur deshalb, um die Hand zu sehen. Auch der König, immerhin sein König, bat den verehrten Virtuosen natürlich bei jener Audienz darum, sie sehen zu dürfen, aus der Nähe, was Chevillard ablehnte. Sie sei müde, seine Hand, und schlafe, teilte er Seiner Majestät mit, er hätte sie, wäre es nur möglich gewesen, am liebsten zu Hause gelassen.

Jeder Geigenbauer sieht seinem Kunden natürlich nach, daß er, besonders vor Auftritten, die Hosen voll hat und alles andere als zurechnungsfähig ist. Unzufrieden Liebende, die sie sind, entmachtet vom Flügelschlag eines Engels, gekränkt von der Intelligenz ihrer Instrumente, ihrem Gehorsam und gleichzeitig ihrer Unbestechlichkeit! Aber wer hätte noch die Fähigkeit, eine Idee zu denken und sie gleichzeitig zu hören? Wer die Zeit eines Baumes, in dessen Stamm das Holz reifte?

Immer wieder also beriet sich Pezze in London mit seinem bei Hill angestellten Geigenbauer, dessen Name mir, obwohl ich den Mann vor mir sehe, entfallen ist. Voller roter Bart, auf dem immer genug Platz war für die vielen Krümel seiner Butterkekse, die er offenbar zu seiner Lieblingsspeise erkoren hatte, wulstig volle Lippen, Augenbrauen wie Borsten einer ramponierten Zahnbürste, abstehende Ohren, richtige Tonfängerohren. Aber sein Name? Fehlanzeige, nichts zu machen, wie ausgelöscht. Ich glaube nicht, daß der Mann Engländer war. Diese Geduld hat kein Engländer; die hält er bei seinem Genie, was eine erste, meist lediglich mit bloßem Auge vorgenommene Einschätzung von Streichinstrumenten angeht, für Zeitverschwendung. War er Rumäne? Möglich, aber was hilft das, wenn man nach Buchstaben sucht, die den offenbar aus meinem Gedächtnis gelöschten Namen bilden sollen? Mit B irgendwas? Hm, vielleicht, vielleicht. Ba, Ba...? Be, Bi, Bo, Bu? Ich weiß nicht recht. Vielleicht keine Vokale, sondern Konsonanten? Bl..., Br..., Brn..., Brz... – nein, ich geb's auf, ich geb's auf. Schade.

Eigentlich bis zu seinem Tod hielt Pezze diesen leider (vorerst) namenlosen, dafür aber geduldigen, unbestechlich genauen und, wenigstens daran kann ich mich noch erinnern, auch unerklärlich sanftmütigen und in einem fort Butterkekse verschlingenden Angestellten auf Trab. Fiel ihm nie auf, daß seine Brösel auch in uns, den Instrumenten, landeten?

Er erschien mit mir, unangemeldet natürlich, im Geschäft, immer sonderbar in Eile zuerst, was sich erst gab, wenn er nicht mehr gezwungen war, jedem, der herumstand oder vorbeilief, die Hand zu schütteln. Er beantwortete auch Fragen nach seinem Befinden nur mit einem Nicken, das schon zur Treppe deutete, auf die er zusteuerte und die hinunter in einen Keller führte, ins Reich der Tresore. Neben einem kleinen Büro befand sich ein Raum, ein Musikzimmerchen.

Also, was haben wir für Probleme, was gibt's?

Pezze wirkte beinahe verlegen. Es klingt ... krank.

Mich hat's auch erwischt, sagte der Rotbart zufrieden und schloß die Tür hinter uns. Eigentlich sollte ich in meinem Zustand im Bett liegen.

Für Scherze war Pezze im Moment unempfänglich. In drei Tagen zwei Konzerte, und das Scheißding von Cello krank. Sie glauben mir nicht?

Sowenig wie mein Chef da oben mir, daß ich Ferien nötig hätte. Schauen Sie mich an. So wie ich aussehe, so fühle ich mich auch. Als hätte ich wie das hier, das gute Stück, Jahrhunderte auf dem Buckel, die ganze goldene Lebenszeit der Cremoneser. Er schaute Pezze zu, wie er mich aus dem Kasten nahm, und meinte dann: Hat Barnes eigentlich recht, wenn er behauptet, daß auch Instrumente hin und wieder Ferien brauchen?

Den Unsinn hab ich auch gelesen, ja.

Und?

Ich kenne Barnes. Er übt einfach ungern.

Aber seine letzten Konzerte? Der Rotbart schnalzte mit der Zunge.

Pezze wischte die Krümel fort, die sich auf seiner Hose niedergelassen hatten. Tatsache ist, daß es klug von ihm war, den Agenten zu wechseln.

So waren sie, alle. Nur nie einen Kollegen loben; und wenn loben, waren die Umstände ausschlaggebend, nie jedoch die Kunst des Kollegen. Ich meine, das Orchester war ja schließlich auch einzigartig, sagen sie dann. Oder: Was kann einem, wenn X dirigiert, schon passieren? Oder, als äußerstes Zugeständnis: Nun gut, die eine Sternstunde sei ihm gegönnt, warum nicht. Aber lange zeigte der Daumen nie nach oben. Haben Sie ihn mal Kammermusik spielen hören? Nein? Aber ich! Oder seinen Auftritt damals mit Y am Pult? Sie waren, glaube ich, im Konzert ja dabei. Na ja, nicht wahr? Schwamm drüber, kann vorkommen. Einen schlechten Tag hat schließlich jeder mal.

An jedem Lob, das sie verteilten, waren die Einschränkungen das Wichtigste. Es war einfach Zeitverschwendung. Und schlecht für die Nerven, sich zuviel mit den Karrieren von Kollegen zu beschäftigen.

Wir haben aber am Cello auch ein bißchen was gerichtet vorher.

Aha!? Da schau an, dachte Pezze. Und mir macht seine Firma den Vorschlag, mein Mara zurückkaufen zu wollen, um mir dafür ein anderes zu besorgen, ein noch besseres, wie doch Hill die Frechheit hatte zu sagen.

Er schien zerknirscht, mehr noch, er war eifersüchtig. Wie gerne hätte er erfahren, was die beiden da gemeinsam ausgetüftelt hatten. Barnes war ja nicht dafür berühmt, pingelig zu sein. Er wartete einen Moment, ob der Rotbart von sich aus etwas ausplaudern würde. Tat er aber nicht. Und so beließ es Pezze dabei, spannte den Bogen und begann eine freie Improvisation, der er eine Courante und dann eine Sarabande folgen ließ, hielt inne und lauschte dem Verklingen der Töne nach. Nun? Hab ich recht? Klingt doch nicht, wie es sollte, oder?

Sie haben runtergestimmt! Das war eine Feststellung, keine Antwort.

Natürlich! Bei Bach immer, grundsätzlich.

BACH! STOP! Ich hab's. Den Namen, mein' ich, der mir nicht einfallen wollte, den Namen des Rumänen, wenn er denn einer war. Barza, hieß er, Barza, genau, Kristian Barza, genannt Barbarossa (wegen was eigentlich, dem Bart?).

Ich freute mich, wußte dann aber mit meiner Freude nichts anzufangen, und die Freude hatte auch keine Idee, was nun weiter. Was hatte ich gewonnen damit, daß ich nun wußte, wie der Rotbart und Kekseverdrücker hieß, außer den Triumph, mein Gedächtnis auf Trab gebracht zu haben? Ich hätte mich gern mehr gefreut, als mich nur zu freuen, ich hätte mit meiner Freude (und mit Barza) gern ein kleines Fest gefeiert oder mich auch nur allein, wenn es sein muß, gern belohnt für die Hartnäckigkeit, mit der ich die leere Stelle, die dann der Name einnahm, belagert und wie blitzschnell ich die phonetische Verbindung von Bach zu Barza geknüpft hatte, aber die Freude spielte nicht mit, sie gab sich vernünftig und langweilte sich.

Aber zurück zum Unglück meines Unzufriedenen. Pezze, so war er, brauchte Tiefe, Reichweite des Tons, einen voll vibrierenden Körper, auch dessen Bodentöne. Deshalb war er gekommen. Hören Sie noch etwas anderes?

Er demonstrierte mit einer weiteren Kostprobe, einer Gigue, die er der Sarabande folgen ließ, wo er das Problem vermutete.

Barza hörte zwischen dem e und dem fis die wunde Stelle, den *Wolf*, wie der Terminus technicus lautet, den alle Musiker kennen. Es hört sich immer an, als knote sich da ein Ton zusammen, verknote sich, stranguliere sich, ein Röcheln, als bekomme er keine Luft.

Das kann man beheben, teilweise wenigstens.

Das behebe ich selbst, danke. Pezze hatte es gern, nicht auf die kleinen metallenen Klammern angewiesen zu sein, sondern selbst reagieren und korrigieren zu können.

Was sollte ich noch hören?

Pezze fiel keine Antwort ein. Mit dem Cellobogen schien er auf etwas zu deuten, das sich im Raum bewegte, aber unsichtbar blieb, so unsichtbar wie eine umherirrende Seele.

Vielleicht sagen am besten Sie mir, was *Sie* hören, sagte Barza.

Was er hörte? Alles – und nichts. Das Gleichgewicht des Klangs. Die Sprungkraft des Bogens. Das Volumen des Tons in den hohen Lagen. Das Singen der Saite. In den Bässen Farbwechsel, von goldbraun zu grün zum Beispiel. Und Luft, Farbe und Luft.

Ich erfüllte jeden Wunsch, den er haben konnte. Aber Pezze blieb stur. Was, wenn das Perlen der Läufe sich nur anhört wie Regenwasser? Was, wenn in der Tiefe Pfützen entstehen, kleine wässerige Unebenheiten, und alles klingt, als saufe, was ich mache, in irgendeinem Morast ab? Und da – er schlug den Bogen wie einen Schwerthieb auf die G-Saite –, wenn es im Fortissimo nach klirrt?

Nun übertrieb er aber und mußte selbst lachen. Trotzdem hatte er Sorgen, vor allem die, zu keinem Ergebnis zu kommen, auch wenn er sich noch so anstrengte. Wenn ich, was ich beim Üben zuhause am liebsten tue, barfuß spiele, hören es meine Fußsohlen.

Wie oft haben wir in letzter Zeit eigentlich den Stimmstock schon versetzt? Zehnmal, zwanzigmal? Ich müßte nachschauen gehen.

Ich weiß, gab Pezze zu, ich weiß. Ich sollte es sein lassen. Aber ...

Hoppla, was ist denn hier passiert? Barza erschrak, beugte sich über mich, und schwer war es nicht, leichte Abschabungen am Rand eines der *f*-Löcher auszumachen. Sie haben doch nicht etwa selbst ...?

Doch, doch. Natürlich hatte Pezze, und das nicht nur einmal, selbst Hand angelegt, wofür ich ihn bis heute wirklich hasse. Er hatte zuerst mit einem gebogenen Eisen, dann mit einem Stück Holz in meinem Bauch herumgepfuscht, um an den Stimmstock zu kommen – und das geht, wenn man die Decke nicht ablöst, nur durch das *f*-Loch. Außer daß er mich verletzt hatte, hat es nichts gebracht.

Was hätte ich tun sollen, ich war kurz vor einem Konzert. Und ich dachte ...

Sie hätten das Konzert geschmissen, wenn Ihnen die Hand dabei ausgerutscht wäre.

Ich hab's auch so geschmissen, dachte Pezze und gab eine dritte, die ganze Macht meines Klangs aussingende Kostprobe, nur um nach dem letzten Bogenstrich in hilfloser, trüber, bedrückender Unzufriedenheit in sich zusammenzusinken. Da sei, behauptete er, da sei in mir noch ein letzter Rest an noch nicht, noch überhaupt nie erklungenem Klang (danke, Maestro, danke für das schöne Kompliment!), eine noch unbekannte, unentdeckte Quelle, eine Fundstelle, eine Feuerstelle. Etwas Lebendiges sei da noch, etwas Ungeborenes, das ungeduldig warte. Mit Spiel- oder Grifftechniken sei dem nicht beizukommen, natürlich nicht, auch nicht mit noch so viel Üben. Einmal seine Seele umrunden ... dachte er und wäre gern, was diesen Wunsch und seine Chancen, ihn zu verwirklichen, betraf, ausführlicher geworden, aber es ging nicht. Es gab die Worte nicht. Und die, die er hätte verwenden wollen, fielen ihm nicht ein. Die Wahrheit, die er suchte, war wie das Vibrieren einer Saite, in dessen Nachhall sich der Wortschatz, der ihm hätte zur Verfügung stehen und jetzt behilflich sein müssen, verflüchtigte. Statt dessen arbeitete es in seinem Gesicht, auf dem die Gedanken mit kompliziertesten Berechnungen beschäftigt schienen.

Lassen Sie es hier. Ich werd's mir anschauen. Mal sehen, was sich machen läßt. Mehr zu versprechen wäre unvernünftig. Jedenfalls sieht es, so wie es ist, tadellos aus, das gute alte Mara, nicht wahr?

Das beruhigte Pezze. Sie verstehen also, was ich meine?

Barza - war er nicht ein ungarischer, in Rumänien lediglich aufgewachsener Jude? - nickte. Und ob er verstand! Er verstand sie alle - alle, die jeden Tag zu ihm kamen in rührender Besorgnis (oder einfach geladen mit Wut), die Schüchternen und die vor Lampenfieber ständig Sterbenskranken ebenso wie die Draufgänger, die am liebsten Feuer speien würden, die Gewissenhaften wie die Snobs, die, entschuldigen Sie den Ausdruck, Solistenschweine, wie man sie nennt, die mit den zweifelhaften Agenten und den noch zweifelhafteren Frauengeschichten (»Sie werden jede Frau kriegen, die Sie wollen« – kann schon sein, aber zu welchem Preis? Selbstbezauberung, Inkohärenz des Gehörsinns, instabile Intonation, Ähnlichkeit der Gesichtsfarbe mit der eines gekochten Huhns), die zölibatären Grübler und Sonderlinge und die strengen kanonischen Experten mit ihrem Hang zu rein technischen Erörterungen. Alle, alle gingen sie hier bei ihm ein und aus, alle Rassen, alle Generationen, alle Schicksale, die Siegertypen ebenso häufig wie die bereits hoffnungslos Zerbrochenen, die mit den dünnen oder fetten, den trockenen oder verschwitzten, den langen, den immer frierenden, den kurzen und krummen Fingern. Vielleicht sollte er, um jeden einzelnen Musiker vollends mit seinem Instrument versöhnen zu können (denn das war es ja letzten Endes, was sie von ihm und der Kunst seines Handwerks verlangten), dazu übergehen, von jedem seiner Klienten, noch bevor er sich überhaupt mit dem Zustand ihrer Instrumente beschäftigte, erst einmal eine Analyse seines Charakters in Auftrag zu geben, eine Studie seiner Veranlagung, ein Testbild seines Temperaments, eine Einschätzung seiner Begabung (auch der, glücklich sein zu können!) – und dazu noch die Möglichkeit in Erwägung ziehen, ob da beim Musikmachen nicht die ganze Zeit, sagen wir, ein Magengeschwür mitmusiziert, eine Hepatitis B, ein entzündeter Blinddarm, ein Schatten auf der Lunge, ein Nervenleiden, ein lange schon nagender Krebs. Natürlich waren auch üble Gewohnheiten wie Alkohol- und/oder Medikamentenmißbrauch ausschlaggebend, die schwer zu diagnostizierenden Resultate einer lebenslang mangelhaften Ernährung, von dem Desaster anderer Defekte (wie Traum- und Todesangst, Impotenz, Verfolgungswahn, die dritte Scheidung) gar nicht zu reden. Und nun entwirren Sie mal, was, wenn einer Brahms spielt oder Schubert, rein nur Musik ist, was Material, also Holz und Stahl, und was, siehe oben, auf das Konto des psychischen oder physischen Gesamtbefindens der betreffenden Musiker geht, die, wie sie eben gebaut sind, bekanntlich ja ziemlich brüchige Gebilde darstellen und denen am Ende, wie allen anderen Sterblichen auch, das Leben (und das keineswegs immer *dolce* und *pizzicato* und *pianissimo*) um die Ohren fliegt, ein Leben, das Lärm liebt und Höchstgeschwindigkeiten anhimmelt und auf fromme Wünsche keinerlei Rücksicht nimmt.

Die Vorstellung amüsierte Barza, statt ihn zu entmutigen. Er wußte ja seit langem, daß er im Nebenberuf auch Hausarzt war, Psychologe, wenn nicht, in Härtefällen, eigentlich Seelsorger. Sollte er sich nicht doch endlich angewöhnen, sich von jeder dieser blassen, abgemagerten, kettenrauchenden Kreaturen, die sich, koste es, was es wolle, für eine Karriere als Musiker entschieden hatten, erst einmal die Eltern vorzuknöpfen?

Er verdankte seiner bäuerlichen Abstammung ein paar gesunde, einfache, verläßliche Einsichten, die er jetzt, wo er den Beruf eines Geigenbaumeisters ausübte, allerdings für sich behielt. Einem Cellisten zu sagen, das Instrument klinge wie eine Ehe mit der falschen Frau, brachte nichts, auch wenn es den Nagel auf den Kopf traf. Er kannte die Burschen. Wetten, Sie würden das Cello, nicht aber die Frau aufgeben? Und sich nach einem Geigenbauer umhören, der sich nicht Frechheiten herausnahm?

Er erinnerte sich eines Kunden erst vor wenigen Wochen, an einen jungen begabten Bratschisten, dessen reichlich unzusammenhängenden Andeutungen er immerhin entnehmen konnte, daß er als Kind von seinem Vater wegen seiner Weigerung, einem Fußballclub beizutreten, verprügelt worden war, und zwar ziemlich grob. Zur Strafe bekam er, als er dann Geburtstag hatte, nicht das erhoffte Instrument, sondern ein Paar Fußballschuhe. Als er sich weigerte, sie auch nur auszupacken, geschweige denn anzuprobieren, setzte es wieder Prügel. Ein Musiker (noch einer) mit einem zermarterten, gedemütigten Herz, das sich, für immer erfolglos, wie man annehmen muß, mit den Geistern des Jähzorns und der Gewöhnlichkeit abplagte. Die einzige Möglichkeit, seinem völligen Zerbrechen zuvorzukommen, war Musik. Und es half ja, auch wenn es nicht heilte. Die Last der Bekümmerung ließ nach, wenn er spielte. Er fühlte sich dann unsichtbar, unerreichbar, irgendwie in Sicherheit.

Schon gut, stimmt schon. Musik kann das, und sie kann noch viel, viel mehr. Sie kann Gummizellen vergolden, sogar das. Sie kann weinen, wenn das hilft. Aber, klingt das? Darf ich ehrlich sein? Scheußlich klingt es, gequält, nicht weinend, sondern weinerlich, nicht geatmet, sondern gepreßt, gedrückt statt gestrichen. Mir tut da die Musik leid, mehr jedenfalls als der Musiker (und ich, so wahr ich Mara heiße, tu mir auch leid, stehe ich doch vor der Schwierigkeit, mit einem Musiker klarkommen zu müssen, der noch eine Rechnung mit seinem Vater offen hat oder seiner Mutter oder Schwiegermutter oder dieser oder jener Frau oder Ex-Frau). Wie sich da ein begabter, aber doch bereits gründlich beschädigter junger Mann wie er hier, der nun einmal partout nichts mit einem Fußball zu tun haben wollte, seinem Schicksal mit dem Schutzschild einer Bratsche entgegenstemmt! Wie soll eine Bratsche da nicht folgerichtig auch erkranken?

So sah er das. Nur, wie einem angehenden Bratschisten das verklickern? Ihm sagen: Just do what you do naturally? Ihm raten: Lassen Sie die Musik in Ruhe, wenn Ihnen zum Heulen ist, gehen Sie spazieren, gehen Sie tanzen, verlieben Sie sich? Oder, noch gesünder, weinen Sie einfach, sollte Ihnen danach sein. Es hilft, glauben Sie mir. Aber geben Sie sich keine Mühe, auch das Weinen noch richtiger als richtig machen zu wollen, in sozusagen musikalischer Vollendung. Können Sie das denn überhaupt noch, sich hinlegen und weinen, die Beine von sich strecken und einfach, wenn es sein muß, Rotz und Wasser heulen? Und sich nicht zu schämen dafür – und nicht dabei die ganze Zeit auch noch über den Strick nachzudenken, mit dem Sie sich aufzuhängen gedenken? Nein, junger Mann, den Eindruck, daß Sie das hinkriegen, machen Sie nicht auf mich, aber daraus ein Konzert zu machen, einen Auftritt vor Publikum, das sieht Ihnen ähnlich.

Er hätte ins Schwarze getroffen, er wußte es, aber natürlich kam ihm auch dieser Ratschlag bei seinen Gesprächen nicht über die Lippen. Sowenig wie die Frage, was denn am Fußballspielen oder auch nur einfach dem Herumtollen in frischer Luft eigentlich so verkehrt sei?

Am liebsten hätte es sich Barza jetzt zu Hause in seinem Sessel bequem gemacht, um sich ganz dem Vergnügen gewisser liebgewordener Träumereien hingeben zu können, einem stillen, entspannten Schlendern durch Erinnerungen an Städte, ihre Straßen und Plätze, auf denen, als gebe es etwas zu sehen (einen eine Trommel schlagenden Zigeuner, der in ansonsten abwesender Verdrießlichkeit einen Tanzbären herumführt), nur der Wind seine Musik macht. Die

Welt war erlöst von Musikern, die mit ihren Instrumenten in die Konzertsäle eilten, den Kopf voll mit Taktstrichen, mit Notenzeichen, mit halben und ganzen Noten, alle punktiert, verschimmernd, verletzt.

Wieder einmal warteten sie (wie Pezze damals mit mir – meinem Sorgenkind, wie er mich immer nannte, wenn ich nicht lachte und tanzte) auf das Kunststück der Verwandlung eines Steins in einen Wassertropfen.

Aber zurück. Wo war ich? Nicht in Wien, leider nein. Und das *sentimento* hielt sich im England dieser Tage arg in Grenzen. Man war etwas träge, gähnte viel, streichelte kleine Hunde, kleckste Liebesworte auf Briefbögen, dichtete Sonette, dinierte (Pfauenpastete, Seezunge, Rebhuhn), trank Rheinwein, und in Neapel vermutete man noch den Eingang zur Hölle. Außerdem scheuerten die Pikeewesten dieser Herren immer so fürchterlich.

Ich war – wie soll ich sagen – unterbeschäftigt. Ich bin nichts, wenn mich keiner will, keiner fordert, keiner herausfordert. Ich muß vibrieren, um mich wohl zu fühlen. Um betören zu können, muß es Spaß machen; und Spaß macht Langeweile nun mal nicht. Ich bin nur, was ich bin, im Training. Das brauche ich wie ein Tier die Freiheit. Ich bin kein Schoßhündchen. Ich will nicht gestreichelt, ich will angefaßt, gepackt und, wenn Sie wollen, geschüttelt werden. Dieses halbherzige schlaffe Vibrato verdirbt mich. Da war keine Kraft in der Hand, die den Bogen führte. Da war auch im Arm keine Kraft und keine Leidenschaft.

Alle meine Engländer waren kultivierte Musiker, Orchestermusiker die meisten, bestens ausgebildet, bestens präpariert, sollte ich besser sagen, aber natürlich blieben sie Briten, wohlerzogene Pedanten, vorbildlich, was die Präzision ihres Musizierens anging, zuweilen ausgelassen, das auch, aber moderat, und sie waren wie altkluge Kinder in kompositorische Spitzfindigkeiten verliebt, die sie dann ausführlich diskutierten.

Die Epoche war danach? Vielleicht. Lag es am Wetter? Möglich. Wenn ich nur an das Licht meiner Kinderjahre denke, an meine Menschen und ihre Sehnsucht, Erde berühren zu wollen, einfache Erde, Ackererde! Was war in England mit der Lust, sich die Hände schmutzig zu machen und dabei (endlich wieder einmal) mit dem Glücklichsein beginnen zu wollen? Angenommen, sie schien, die Sonne, jubelte sie? Ich kann mich nicht erinnern, sie gehört zu haben. Was tat sie eigentlich? Kam sie, wie nur sie es kann, um über jeden Gedanken, jede Migräne, jede Entschlußlosigkeit zu triumphieren? Sie stach und zwickte nur, quälte die kranken, schon rissigen Körper, die sie, wohlverpackt in den prunkvollsten Gewändern, herumschleppten.

Sie schleppten diese Körper am liebsten in die Oper, und die Sonne war ein Scheinwerfer oder ein Bündel Kerzen. Die Hände machte man sich, wenn überhaupt, mit Schminke schmutzig. Man sang auf der Bühne nicht einfach erfrischend, nein, man kredenzte Koloraturen, überbot sich in waghalsigen Kunst- und Bravourstücken des Gesangs. Und dann, zu Tode gesungen, sank man hin. Wer starb, starb wirkungsvoll, vor allem rechtzeitig. So hatte, solange die Saison dauerte, alles Unglück einen Sinn. Doch dann, danach? Was anfangen mit dem nächsten Tag? In einer Welt, in der es ein Fehler war, Gefühle zu zeigen?

Gefühlsregungen waren verpönt, auch nur die Ahnung einer solchen zu offenbaren galt schlicht als schlechtes Benehmen. Was tun, wenn nicht sterben müssen vor Schweigsamkeit? Musik, natürlich Musik.

Musik war immer schon das sicherste Versteck für Gefühle, ein höchst intimes Zwischenreich verschwiegener Bedürfnisse, ein singendes, klingendes Album voller Liebesschwüre (oder, auch das und viel häufiger, Litaneien des Leids). Es mußte der Bruchteil eines Blicks genügen, der Schatten einer Handbewegung vom Parkett nach oben, von einer Loge herab nach unten. Eine Blume genügte, ihr Duft, ihre Farbe. Es war das alles riskanter, als sich auf einer Bühne nur einfach erdolchen zu lassen. Und wie gefährlich aufregend sich alles vermischte! Wo sonst gab es das denn, ein Feuer, das man mit Kälte entzündet? Wohin entschwanden die Stimmen, wohin die Sinne? Wie überstand man einen Abend, an dessen Abgrund man es sich doch nur ein wenig bequem hatte machen wollen? Man saß da, lächerlich genug, und mußte, auch das noch, niesen! Wohin auch immer sich die Frauenherzen vor der Seligkeit, dem Drama der Liebe nahe zu sein, flüchten wollten, die Musik war schon da. Natürlich mußte auch sie sich benehmen, aber sie war (wie beneidenswert!) unsichtbar, aber was sie tat, was sie ihnen *antat*, war gefährlich. In Gedanken eine Kutsche besteigen, den Kutscher bestechen, den Ehering abstreifen, warten auf das Öffnen einer Tür und eintreten und sich einer Umarmung anvertrauen, die eine Rückkehr ins eigene Leben gänzlich unmöglich machte. Alles Gedanken, die schon längst nicht mehr bei der musikalischen Sache waren. Danach dann Jubel, Ovationen, die Verbeugungen, die Vorhänge. Es half gegen die Langeweile des Lebens, und sei es nur diesen einen Abend lang, die völlige Raserei und, schon Minuten später, das quälende Eingeständnis, widerstanden zu haben. Danach strömten sie

Rokoko – Musikzimmer in Vauxhall Gardens, England 1752

aus der Oper, dürr und traurig wie Wesen, die sich selbst verspotten.

Und ich, ahnungslos, wie ich wohl war, hatte mir gewünscht, ganz London liege auch tagsüber wach und im Fieber. War die Stadt nicht immer gerühmt worden für alles Bizarre, Abseitige, Ausschweifende, Außergewöhnliche, als einzigartig lebendige, bunt brodelnde Brutstätte für Exzentriker? Aber die schnurrbärtigen Herren, zumindest die, die mich gekauft und gespielt hatten, waren Langweiler, leider.

Was auch auf General Boswell zutrifft, den später geadelten Lord MacDonald, einen routinierten Cellist, mehr nicht, der für mich immerhin schon zweihundert Guineen hinblättern mußte.

So ging es weiter, immer weiter. Ich machte die Runde. Kathedralen, Kurorte, Promenadenkonzerte zwischen Spalierobst und Rosenhecken, Vauxhall Gardens, Brighton, Villen in Highgate, Belgravia, Knightsbridge, Kensington, da ein Landsitz, dort einer, den diese traditionell reichen Leute mit ausdruckslosem Ernst bewohnten, altgläubige Leute, die sich, wie sie einander versicherten, Extravaganzen gar nicht leisten konnten, es sei denn ein italienisches Instrument, etwas wie mich – und Hunde natürlich, Rassehunde, ganze Rudel flinker, kläffender, stammbaumbewehrter Rasseköter, und auch Pferde, Reitpferde sowohl wie Rennpferde, und die eine oder andere Luxuskarosse.

Ich mag es aber nicht, mit einer Handlaterne verwechselt zu werden. Es verlangt Entschlossenheit, mich strahlen zu lassen, Zugriff, Mut, Begeisterung. Die Arbeit, die bei ihren Jagden die Hundemeute erledigt, mußte mein Cellist schon selbst tun. An mir ist nichts, was nicht in mir ist. Sollen sie Marmor abtasten, nicht mich. Nur Rauch, kein Feuer! Von der Akustik, die in den gläsernen Sälen, den puderigen Salons auch zu wünschen übrig ließ, ganz zu schweigen.

Natürlich bin ich ungerecht, ich weiß. Nehmen Sie nur die Streichbogen oder besser, vergessen Sie sie, bis dieser Tourte kam, dieser François Tourte, dieses Genie, und damit anfing, seine ersten, bis heute im übrigen unübertroffenen Bögen zu bauen, mit denen ein Cellist etwas anfangen konnte. Nehmen Sie die Literatur, bis ins beginnende neunzehnte Jahrhundert (den genialen Dickwanst und Thomaskantor ausgenommen) größtenteils dürftig, was unsereinen betraf. Alles untergeordnete Bedeutung. Vivaldi, nichts außer seinen Sonaten. D-Dur-Konzert von Boccherini, schön und gut, aber anspruchsvoll, ich meine musikalisch anspruchsvoll? Doch eher nicht. Haydn, Klaviertrio in d-moll? Nichts zu tun, peinigend wenig jedenfalls. Das war schon fast kein Männerberuf mehr, Cellist zu sein. Die großen und dann in ihrem Volumen grandiosen Konzertkompositionen für Cello als Soloinstrument standen noch aus. Die Epoche ganz anderer Leidenschaften war ja noch Zukunft. Ich selbst hätte, als die Kutsche mich noch jeden Sommer zu den Konzerten nach Brighton, nach Bath (immer wieder Bath!) beförderte, nicht im Traum daran gedacht, was alles in mir steckt, wieviel Klang, wieviel Verwandlung – von den Zumutungen des zwanzigsten oder der Gegenwart des Jahrhunderts danach gar nicht zu reden, als die Musik, um sich zu retten, Schluß damit machte, geliebt werden zu wollen –, und auch ein Cellist seitdem nicht gerade wie einer aussieht, der sein Instrument liebt.

Wie werde ich heute manchmal hergenommen! Ich werde geschabt, geschlagen, getrommelt, gewischt! Wir alle, der Reihe nach, werden wachgerüttelt. Auf dem Griffbrett herrscht Krieg, alle Finger in Alarmbereitschaft. Wer nicht auf alles gefaßt bleibt, hat keine Chance. Das gilt für Bläser wie für Streicher. Ein Irrsinn, das ist wahr, diese Spinnenbeine von Tönen zu treffen. Ein Kunststück, sich nicht bis in alle Ewigkeit krank zu melden. Soll ich mich weigern? Ich, das Wunder aus Cremona, das der Geschichte nicht weniger angehört als der Gegenwart?

Aber nicht doch, auch wenn die Unruhe in den Partituren alle Schrecken der Barbarei kennt, in- und auswendig längst; und auch das kennt: der Bogen streitet sich mit den Saiten, und die mit mir, und ich mit anderen Instrumenten. Kaum zu glauben, wie sich das anhört manchmal, wie aber der Spaß, noch nie Gehörtes zu finden, zu erfinden, mich gleichzeitig belebt – belebt wie der Globus im Crosdillschen Musikzimmer Gastgebern und Gästen die Phantasie belebte oder der Schluck Scotch Alessandro Pezze – *schottischawizzki*, wie er seine Medizin nannte –, den er sich vor jedem seiner Auftritte einverleibte.

Zeitgenössische Musik? Was denn, was denn! Ich stehe seit meiner Geburt im Dienste zeitgenössischer Musik. Ich bin nun fast schon drei Jahrhunderte hindurch Zeitgenosse. Und bin einverstanden! Ich dulde kein Bedauern, ich nicht; und unter Zeitdruck stehe ich bei meiner Lebenserwartung auch nicht.

Wie Sie das nennen, was auf dem Podium plötzlich los ist, überlasse ich Ihnen. Ich bin beschäftigt. Ich diene, und das so wach, so ausdauernd aufmerksam und gelehrig, wie ich es eben hinkriege. Es stört mich nicht, wenn Sie schimpfen. Ich bin es nicht, der den Zeiten befiehlt. Sie sind, dafür habe ich natürlich Verständnis, als Zeitgenossen Debütanten, aufgeschreckte, orientierungslose Anfänger. Sie dürfen also ruhig derb werden, von mir aus auch die Fassung verlieren. Ich habe Türen knallen gehört wie Ohrfeigen. Ganze Stuhlreihen leerten sich unter schlurfenden Schritten, andere waren von Beginn an überhaupt leer geblieben. Macht nichts, macht doch nichts, denn seht! Oder hört, sage ich, und glotzt nicht! Und sitzt nicht da wie in nassen Socken. Es wird nicht mehr komponiert, um Schneiderrechnungen zu zahlen. Es tagt das Weltgericht. Die Schöpfung schrumpft, dem Adler gehn im Flug die Federn flöten, es plumpst der Himmel unters Mikroskop. Sprengsätze gehen hoch in Spieldosen. Ein Schmetterling zeigt seine Krallen. Wenn ich jetzt nicht alles verwechsle, ist das spannend. Fliegt fort! Versucht, die Sonne zu fassen! Hört Ihr den Lärm, den die Rosen machen mit ihren Dornen. Wie laut das Innere aus den Bäumen bricht, und wie der Saft spritzt. Tod, schreit die Seele, sauf! Es dreht ein Fluch die Maulwürfe um unter der Erde. Es fallen Äste, die Schäfer erschlagen und Liebespaare, die da doch eben noch in ihrem reichen Schatten ruhten; das Publikum, zu Grabe getragen von Fröschen in Karnevalshüten.

Was für ein Tohuwabohu in den Tönen! Welche Raserei! Musik, die einst in Flammen stand, niedergebrannt, verkohlte Reste, Gase, Gift! Verwesung zum Mitsingen.

Langsam, langsam, Herrschaften. Ich habe diese Mißverständnisse zu oft selbst miterlebt, kenne die Todesurteile alle auswendig. Es war den Kritikern so übel wie dem Publikum, vor hundert, vor zweihundert Jahren schon. Das ist sowenig neu wie die Tatsache des Todes.

Vergessen wir also den hellen Himmel und die Traurigkeit, ihn ziehen zu sehen.

Aber natürlich entgehen mir die neuerdings besonders

störrischen Reaktionen derer nicht, die es offenbar für ein Unrecht halten, derart radikale, nach ihrem Geschmack sinnlose, gewalttätige, vor allem aber völlig zusammenhanglose Exerzitien zu Gehör zu bringen, die mathematisch, wie sie einräumen, vielleicht interessant sein mögen, aber musikalisch doch wohl nicht – und das auf einem so alten, so teuren, so namhaften Instrument, wie ich eines sei. Was für ein Verhängnis, was für ein Verlust, welch ein Unglück, dieses endgültige und wahrscheinlich sogar vorsätzliche Zugrunderichten sowohl der Musik wie der Instrumente!

Wo da die Melodie sei, will man wissen. Die Frage geht an alle. Die Melodie? Will keiner antworten? Doch, einer, der Jüngste. Die Melodie? Die sitzt zuhause, lutscht am Daumen und heißt so, ein süßes Kind!

Wie sauer sie sind, wie malträtiert, wie verwundet von einer seltsamen Traurigkeit. Es gibt eine Sorte Menschen (und glauben Sie nicht, daß ich diese Herrschaften besonders schätze), deren Liebe zur Musik etwas Unerbittliches hat, etwas Demagogisches und immerzu Mißmutiges. Soll die Welt sein, wie sie will, nur über die Schwelle des Konzertsaals soll sie nicht treten dürfen. Der Alltag hat Hausverbot, und wer auch am Abend im Konzertsaal aussieht, als habe er einen, den straft ihr Blick. Ich sehe ihnen (vom Podium herunter) ihre Erschöpfung an, ihre Empörung bis in die Mundwinkel, bis in die schlaffe Ratlosigkeit ihrer Hände, und bis in ihre Schultern die Anspannung, nicht einfach schreien, nicht losbrüllen, nicht, das am liebsten, tätlich werden zu dürfen, nicht hier im Kreis guter alter Musikfreunde. Waren das noch Zeiten, schwärmen sie – und meinen damit jene Musik, die ihre Großväter, damals am Abend ihrer Uraufführung, ebenso erzürnt und in Rage versetzt und so ratlos zurückgelassen hatte, wie ihre nun selbst alt gewordenen Enkel es bei gänzlich anderer Musik heute sind.

Nun gut, sage ich mir. Ich kenne diese besorgte Brigade ja seit Jahrhunderten.

Dann trifft mich das mürrische, müde Aufbegehren eines Blicks (so eines Veteranen), der auf mir ruht wie auf einem Opfer, während ich gleichzeitig *mir* vorstelle, den Vater seines Urgroßvaters schon gekannt zu haben; ich sehe ihn vor mir, wie der damals kopfschüttelnd und schwer atmend dem komplizierten Kampf der Klänge zuhörte – um die Eroica, wie die Symphonie hieß, am Ende als mißglücktes (und wie ein Kritiker schrieb »unverständliches, chinesisches«) Machwerk zu verdammen.

Was geschieht hier?

Ob das nicht schädlich ist?

Was sollen diese protestantischen Schnarchlaute?

Ob so ein kostbares Ding wie dieses Cello es noch lange macht?

Die andere Hälfte des Gemurmels kommt ohne Fragezeichen aus und geht ganz direkt zum Angriff über. Die Komponisten hätten keine Ahnung mehr, ihre Kunst sei keine, ihre Existenz bei soviel herrlicher Literatur, die es schon gebe, eine nichtige. Habe ich das nicht auch schon alles gehört?

Die Musik hat sich erkältet, sie spuckt, hustet, hat Fieber. Die Nase läuft ihr übers Notenblatt. Sie schneuzt sich. Und mich schauen sie an, als habe es mich auch erwischt.

Hört sich, wenn Sie mich fragen, nach einer chronischen Lungenentzündung an. Ins Bett mit dem Patienten, würde ich sagen. Oder gleich auf den Friedhof. Und ansteckend scheint es auch zu sein, jedenfalls fühle ich mich nach solchen Exzessen immer ganz krank.

Wer mich nach einem Konzert zeitgenössischer Musik – und denken Sie dabei ruhig an die Zeitgenossen aller Jahrgänge aller Jahrhunderte – berührt, tut es, als nehme er Abschied von einer mißhandelten Frau, einer Schönheit, gestorben an den Folgen fortgesetzter Vergewaltigung. Man sieht mich als unschuldiges Opfer, berührt mich ein letztes Mal, wie das Fundstück einer Ausgrabung, und gibt gleichzeitig, die gerade überstandene akustische Tortur noch im Ohr, seine Zustimmung, es schleunigst wieder einzubuddeln.

Wenn ich mich nur in ihre Unterhaltungen wenigstens einmal hätte einmischen können, um ihnen zu widersprechen. Unschuldig, ich? Nicht mein Geschmack, mir gerade darauf etwas einbilden zu wollen. Und was meine Kondition angeht, bin ich belastbar. Ich hätte ihnen, vielleicht weniger freundlich, als ich sollte, zum Schluß sicher auch noch die Grobheit an den Kopf geworfen, daß ich es länger mache als jeder von ihnen, viel länger, auch unter Hochspannung. Ich bin nicht sterblich auf die gleiche Weise. Ich denke nicht wie Sterbliche. Nicht wie Ihr, die Ihr schon bald unter der Erde sein und dort, ohne jede weitere unliebsame Überraschung, verfaulen werdet.

Charles Lucas war damals auch so einer, der mich an die Leine legte, mehr ein Gelehrter des Cellospiels als ein Naturtalent. Mehr als das halbe Jahrhundert war um, und ich saß – bei steigenden Preisen – in London fest, diesmal zur Abwechslung nicht bei den Hills, sondern den Betts-Brüdern, der Konkurrenz in der Royal Exchange Street.

John Withmore Isaac of Worcester, ein immer gebührend parfümierter Banker, war der nächste in der Reihe. Zum ersten Mal hatte ich das zweifelhafte Vergnügen, in einer Show ausgestellt zu werden, einfach so. Da stand ich, ein Bravourstück meiner Zunft, und unten am Sockel war ein Schild mit meinem Namen. Immerhin, seit damals heiße ich The Mara, was ein Trost war. Was, wenn dem Banker eingefallen wäre, mich umzutaufen auf den Vornamen seiner magenkranken Gattin? Er war selber krank, zu schwach zuletzt, um frische Luft ertragen zu können, und verstarb, dahingerafft von den vereinten Kräften einer Herzschwäche und eines vereiterten Backenzahns. Und so landete ich, Sie erraten es, wieder bei den Hills. Immerhin, dachte ich. Und behielt recht.

Dezember 1887. Die Tür ging auf und der zweiundfünfzigjährige Pezze trat herein. Den kennen wir schon, Alessandro Pezze, ein in Mailand geborener und am dortigen Konservatorium ausgebildeter Italiener. Ein Italiener, dachte ich, endlich. Ein Mann meines Kalibers. Ein Könner als Cellist, mehr noch, ein Cellovirtuose. Schüler von Piatti. Ein Künstler, der die Noten, die er spielte, entflammte. Davon hatte ich doch das ganze vergangene Jahrhundert hindurch geträumt. Die Musik war zu mir zurückgekehrt. Und das con amore.

Pezze war ein Vollblut, der mich hernahm. Ich bin ein Instrument, einer wie er begriff das, und mit Instrumenten muß man etwas anfangen. Auch ein Messer ist ein Instrument, ein Schlüssel, ein Kompaß, also schneidet man, öffnet Türen oder navigiert. Pezze hatte das Temperament eines Eroberers und das unbestreitbar seltene Können, mit jedem Ton, den er spielte, die verschlungenen Gemütswindungen neu entdeckter Empfindungen zu treffen, zu zählen, zu entwirren – und er war neugierig. Mir gefiel auch seine Nervosität. Und daß er mich, wie erwähnt, immer wieder in die Kirche zu den

Hills schickte, ein allerletztes Amen erbittend, war aufregend. Ich bin nicht da, um Abendstunden zu vertrödeln und für ein Publikum herausgeputzter Herrschaften den Befehl zum Stillsitzen zu liefern. Ich bin zu lebendig für so was. Nicht, daß ich für lyrische Stimmungen nichts übrig hätte, im Gegenteil. Ich bin Italiener, ich liebe das Leben, liebe das Lieben, das Singen, das Lachen, das nur in der Wärme gedeiht, unter freiem Himmel auf den Obst- und Fischmärkten, den Mais- und Weizenfeldern vor der Stadt, in den Kneipen abends bei Würsten und Wein – und manchmal auch im Konzertsaal.

Ich kenne das, ich stamme schließlich aus der Provinz. Die kleine, einfache Werkstatt meines Vaters war, auch wenn er Königshäuser und Fürstenhöfe in ganz Europa belieferte, nicht die Welt, die sich mir jetzt bot. Wie ich in London mein Leben vermißt hatte, das handfeste Gezänk meiner Leute, das Geschrei ihrer Kinder, das lärmende, sauer verdiente Vergnügen der Handwerker und Bauern, die es verstanden zu feiern.

Diese Briten zu lieben war schwer, das steht fest. Oh, wie satt ich sie oft hatte, wie mich ihre Festlichkeiten lähmten, wenn ich im Orgelklang absoff, ihre Sonn- und Feier- und Festtage mit den Messen, den Misereres, den Kyries und Te Deums, ihr sprödes, vorsichtiges Spiel, das ohnehin gegen die Schallmauer der Trompeten und Posaunen nichts ausrichten konnte, ihr immer wie auf Entzug gesetztes Vergnügen, nur ja nicht zu übertreiben, nichts riskieren, nichts entdecken zu wollen. Nun gut, das geht in Kirchen schlecht und privat bei Tee und Likör und Ingwerplätzchen auch nicht. Sie müssen sich, weil Sie das ja nicht miterlebt haben, in den Galerien nur einmal die Porträts der Bischöfe anschauen oder die der Herrschaften des Adels und Großbürgertums (und ihrer Lakaien), mit ihren gepuderten Locken, ihren feisten Gesichtern, den trübsinnig glotzenden Augen, dann pfeifen Sie auf Samt und Seide, auf diese wie aus Gold gebackenen Räume, in denen die Luft so künstlich war wie das Kerzenlicht.

Endlich Pezze! Endlich war wieder einer auf der Suche nach dem Besten in mir.

Kennen Sie den Kinderreim über Katzen, die an Celli kratzen? Warten Sie, ich hab's gleich.

Cellos hassen Katzen,
Weil sie mit den Krallen
Ihrer Tatzen erst den Lack
Und dann das Holz zerkratzen.

Es war Crosdill, der seiner fast mal den Hals umgedreht hätte, sie dann aber gnädigerweise einem Kollegen vom Blech verehrte. Dabei hätte das Tier Grund genug gehabt, sich aufzuregen, das war Crosdill schon klar. Er spielte auf Darmsaiten, damals jedenfalls. Seine D- und A-Saiten waren Katzendarmsaiten, die üblichen, aus Katzendärmen gewonnenen, in Weinhefe präparierten Saiten. Allein für eine D-Saite gingen drei Katzen drauf. Rechnen Sie das mal hoch, und schauen Sie Ihrem Liebling dabei in die Augen. Bis heute kann man es sehen, wie es in ihnen glüht und faucht und sich rächen will! Wie soll ein Tier vergessen? Wie sich im Haus eines Streichers ein Katzenleben lang beherrschen, noch dazu als ein Geschöpf mit einem Gedächtnis, das, wie man sagt, neun Leben zurückreicht?

Ein Katzenmassaker, an das bis heute ein seltsam selbstgenügsames, aber durch und durch verschworenes Grüppchen von Amerikanern erinnert, das sich akustisch-physikalischen

Forschungen verschrieben hat und sich *Catgut Society* nennt, ein amerikanischer Katzendarmclub also, so richtig mit Mitgliedsausweis und Clubzeitung.

Es geht – gibt es größere Klatschmäuler als Musiker? – auch eine Geschichte um über einen Wiener Geigenbaumeister, der sich von Katzenfleisch ernährt haben soll. Warum Reste umkommen lassen?

Paganini wäre nicht der Mann gewesen, der er war, wenn er nicht die Katzen, auf deren Därme er scharf war, eigenhändig ins Jenseits befördert hätte. Am liebsten hätte er, wenn das nur nicht so ungesund gewesen wäre, seine eigenen Därme hergenommen.

Wie sie klangen, die Katzendärme? Wollen Sie das wirklich wissen? Lassen wir das, zumal sich die Sache ja dann wegen der Brüchigkeit der Saiten schnell von selbst erledigt hat. Es wurden die Innereien anderer Tiere (Schafe, Kamele, Rinder, Wölfe usw.) nach Material abgesucht. Was in Gottes freier Natur seiner uneingeschränkten Selbstbestimmung überlassen blieb, war bis in die Därme robust. Aber dieses Privileg, als sei der Mensch eifersüchtig, beendete ein gezielter Schuß, das Genießbare endete in der Pfanne, das Geweih an der Wand, das Fell im Schlafzimmer oder in einem Mantel als Innenfutter. Nur die Därme landeten unter der Lupe, eventuell im Labor, im Glücksfall auf einem Instrument. Es gab Versuche, Stalltiere durch eine spezielle Diät zu Saitenfabrikanten zu machen. Sie sehen, die Wissenschaft hatte zu tun. Das Rennen machten Därme frisch geschlachteter, am besten sieben bis neun Monate alter Lämmer. Das war's, zugfähige, quintenreine Saiten, wenn man sie durch Bearbeitung schließlich soweit hatte.

Zwei Jahre war das neue, das zwanzigste Jahrhundert erst alt, als mich erneut ein englischer Musiker gekauft hatte, ein gewisser Mr. Gardner, ein, das muß ich zugeben, alles in allem ziemlich flotter Cellist. Aber irgendwie, ich erinnere mich, war ich damals traurig – und zum ersten Mal hatte ich sogar Angst. Und so klang ich auch. Eine falsch angesetzte Fingerspitze auf einer Saite dreht mir die Luft ab. Das Holz wehrt sich, was soll ich tun? Ein Elend. Ich klinge wie minderwertige Kiefer, schauderhaft. Da war es mir in der Sicherheit meines Safes bei den Hills wohler – wo ich 1908, genau hundert Jahre nach Maras armselig einsamem Tod, auch wieder landete.

Also zuerst dachte ich, ich zerspringe, ehrlich, mich zerreißt es, das halte ich nicht aus, nie und nimmer, diesem Druck hält ganz einfach das Holz nicht stand. Was hatten die Hills vor? Was war überhaupt passiert?

Was passiert war? Die Stahlsaite war erfunden worden! Die Stunde der Stahlsaite hatte geschlagen! Die Welt war um eine Erfindung reicher. Und es war ausgerechnet auch noch ein Landsmann von mir, ein geschäftstüchtiges Schlitzohr, der sie entwickelt und auf den Markt geworfen hatte. Seine Rechnung war einfach, und sie ging auf. Wenn Konzerte immer besser besucht werden, was ja in ganz Europa (und bald in der ganzen übrigen Welt) der Fall war, ist mit Konzerten Geld zu verdienen. Nun reicht es natürlich nicht, nur einfach die Zahl der Konzerte zu verdoppeln, man muß gleichzeitig die Zahl der Zuhörenden für jedes einzelne Konzert steigern, verdoppeln, verdreifachen am besten. Wer Geld verdienen wollte, richtiges Geld und richtig viel, brauchte Platz, also neue große Konzerthallen, großräumige Philharmonien, gewaltige Arenen. Und sie wurden ja dann auch gebaut. Und die Leute füllten sie. Und die Musiker, immer mehr Musiker, hatten Arbeit. D'Addario, wie der Geschäftsmann hieß, hatte früh, sehr früh, eine Entwicklung vorhergesehen, an die vor ihm kein anderer gedacht hatte, daß nämlich die Herren Musiker ihre Arbeit in der sich verändernden Akustik wirkungsvoller, den zukünftigen architektonischen Gegebenheiten angemessener verrichten mußten – sie mußten, kurzum, besser bewaffnet sein. Eine Frage der Lautstärke war das und, was die Instrumente betraf, eine Frage des Materials! Nur:

angesichts der Zahl von Zuhörern, eingepfercht in immer mehr, immer höher und steiler ansteigenden Sitzreihen dieser neuen Arenen, konnte man mit den altmodischen Darmsaiten nicht mehr viel anfangen, die zwar weich und schön und auch intim, aber nicht mächtig, nicht durchschlagend genug klangen. Fragen Sie einen Cellisten, wenn Sie mit ihm allein sind, was ihm wirklich zu schaffen macht – und er wird Ihnen sagen: Egal, was ich mache, egal, wie ich spiele, wie gut ich spiele, wie laut, man hört mich nicht, weil das Orchester, jedes Orchester, grundsätzlich noch lauter ist, und das Cello, jedes Cello, zu leise, was zum Verrücktwerden ist, zum Verzweifeln! Wir spielen Schwierigstes, wir spielen Unspielbares, man kann es sehen, aber nicht hören! Wir spielen die technisch kompliziertesten Sachen, die zu üben Mühe gekostet hat und Zeit und die Gesundheit der Hälfte aller Rückenwirbel, aber keiner im Publikum hört es, weil es nicht trägt. Es trägt nicht, es kommt um, verliert sich im Getöse. Wissen Sie, wie frustrierend das ist? Er wird Ihnen erzählen, daß selbst Geiger, die sich doch allein schon durch die Höhe ihres Tons gegen ein Orchester von achtzig Musikern viel leichter behaupten können, sich im Notfall einfach mit einem Bratschenbogen bewaffnen, der die Saite kräftiger aufwühlt und stärker ausklingen läßt – oder er kommt Ihnen, falls er der Typ ist, der es mit Anekdoten hat, mit der (nie angezweifelten) Geschichte, wie ein Cellist sich nach der Generalprobe nicht anders zu helfen gewußt haben soll, als sich die Partituren des Orchesters und des Dirigenten aushändigen zu lassen, sich in seinem Künstlerzimmer einzuschließen und, wütend und verzweifelt, wie er war, mit Bleistift jedes im Notenbild ausgedruckte fortissimo in ein forte umzuändern, ein forte in ein mezzoforte, ein mezzoforte in ein piano ...

Was glauben Sie, wie entspannt ein Cellist da durchatmet, wenn er mit drei, vier befreundeten Musikern im Kreis zusammensitzt und in kleinen, akustisch intimen Konzertsälen Kammermusik spielt, weil er sich endlich wieder spielen hört, statt – und das auch noch in der Zwangsjacke eines Fracks – gegen eine Schallmauer ankämpfen zu müssen. Und das Problem mit den Dirigenten ist auch erledigt, es gibt keine.

Stahl! Eine Saite aus Stahl. Eine Saite, die klingt wie Stahl. Friede den Katzen, Friede ihren Därmen. Die *Catgut Society* flaggte halbmast und berief, nehme ich an, eine Vollversammlung ein.

Stahl! Allein das Wort! Klingt es nicht schon wie eine Waffe, mit der man sich eine Kriegserklärung herausnehmen durfte? Aber nicht die Musik galt es zu erobern, sondern das Kapital, das mit ihr zu verdienen war. Der Ton änderte sich, wie immer, wenn es um Geld, um viel Geld geht.

Es war zu spät für die Vergangenheit. Für die heiligste der Künste hatte das industrielle Zeitalter begonnen. Was mich betrifft, so können Sie den Ausdruck »Jetzt werden wir hier aber andere Saiten aufziehen!« wörtlich nehmen. Allein schon die Drohgebärde tut der Seele weh.

Wollen Sie meine Meinung wissen? Nun, überrascht werden Sie nicht sein, wenn ich sage: Darm, Darmsaiten, eindeutig! Keine Frage! Ich sage das nicht, weil ich nostalgisch veranlagt oder dem Streß der unter ganz anderer Spannung stehenden Stahlsaite nicht gewachsen wäre. Nein, nein, das ist es nicht. Ich beweise mein Stehvermögen ja bis auf den heutigen Tag. Es ist nur einfach so, finde ich, daß die Darmsaite tiefer atmete, den Klang vollkommener abrundete, ihn, wenn Sie so wollen, idealisierte, seltsamerweise gerade auch durch die eine oder andere gottgewollte Unreinheit, die sich nicht immer ganz vermeiden ließ. Aber das sind Geschmacksfragen, und müßige dazu. Fragen Sie sich doch selbst, was Ihnen lieber ist, ein Sonnenaufgang oder Sonnenuntergang? Sehen Sie, schwer zu sagen. Jede Antwort ist im Grunde die falsche.

Auch bei Hill reagierte man natürlich auf die veränderte Situation, allerdings, konservativ, wie man war, langsam, mit Zweifeln (und guten Gründen dafür) und letzten Endes eigentlich mit Bedauern. Meine englischen Gentlemen (und noch mehr ihre Frauen im Publikum) liebten den kernlosen, den runden, weichen Celloklang. Aber was half es. Runter mit den Darm-, rauf mit den Stahlsaiten! Und mir, das kann ich Ihnen sagen, drückte es erst einmal ganz schön die Luft ab, als sie aufgezogen und von einem Angestellten der Firma zum ersten Mal auf mir ausprobiert wurden. Wenigstens war der junge Mann sensibel genug, mich nicht gleich zersägen zu wollen. Und ich stabil genug, das auszuhalten. Und langsam – ganz allmählich, ganz allmählich – gewöhnte ich mich an die Verhältnisse, die nicht zu ändern waren. Aber meine Unschuld, wie sie bewahren?

Zwei Jahre später trat ich, mit Stahlsaiten, meine erste große Schiffsreise an – als umsorgtes, hochversichertes Gepäckstück eines Argentiniers, der nach Buenos Aires gebucht hatte. Hätte ich ahnen können, daß ich dort einmal, auch auf Wasser, fast umkommen würde?

Mit Carlos Tornquist verbrachte ich, alles in allem, eine gute Zeit, und ich war weit genug von England entfernt. Ich blühte auf. Ich genoß ein leichtes Leben. Haydn-Konzerte, das für Cello natürlich (das andere, das in C-Dur, galt als verschollen und war ungerechterweise erst nach seinem Tod aufgefunden worden), die Trios für Klavier, Violine und Violoncello op. 82, die drei englischen, in D-Dur, G-Dur und fis-Moll, die Streichquartette, vor allem das tiefste und rätselhafteste, Hob. III., das den Titel »Die sieben letzten Worte des Erlösers am Kreuze« trägt. Tornquist hatte einen Narren gefressen an Haydn. Haydn im Himmel, Haydn in Havanna, Haydn unter Palmen. Haydn, den ich ja in persona im trüben London noch selbst erlebt hatte, was Tornquist wußte. Wenn einer mein Leben kannte, meine Vergangenheit, die Geschichten, die ich vor hundert und mehr als hundert Jahren erlebt hatte, dann er; er liebte und lobte mich, war stolz auf sein musikalisches und musikhistorisches Wissen und verzierte es, wenn er aufgelegt war, durch Übertreibungen, durch Begeisterung, erfundene, immer aber kluge Details. Wenn er vor seinen Gästen von mir, meinem langen Leben und der Leichtigkeit, mit der ich zu spielen sei, schwärmte, wurden es lange Abende. Wer hätte ihm, wenn er (und die anderen natürlich alle auch) ein Glas getrunken hatte, die Schwindeleien nicht glauben wollen, der Meister selbst habe mich nicht nur gehört, vom Cembalo aus dirigiert sogar, sondern höchstpersönlich mit der Handfläche seiner rechten Hand berührt und meine Schönheit bestaunt, zum Beispiel 1795, im Februar jenes Jahres, um genau zu sein, anläßlich einiger großer musikalischer Soireen sowohl im Palast des Herzogs und der Herzogin von York wie auch im Palais des Prinzen von Wales, dem Carlton-House. Tornquist ging, wenn er an Abenden wie diesen seine Zuhörer verblüffen, sie faszinieren oder, was ihm noch lieber war, verwirren wollte, sogar ganz und gar auf Tuchfühlung mit dem Meister aus der Esterházy-Residenz zu Eisenstadt, beschrieb ihn dann so, wie unter allen

Anwesenden natürlich nur ich ihn in London bei einem der »Ladies concerts« erlebt hatte – er imitierte ihn gekonnt und stilecht: Haydn *himself*, ganz in galanter Galatracht, sehr geputzt, eine gepuderte, mit Seitenlocken gezierte Perücke auf dem Kopf, angetan mit einem weißen Halsband mit goldener Schnalle, einer weißen reichbestickten Weste von schwerem Seidenstoff, ein Kleid von feinem kaffeebraunem Tuch, mit gestickten Manschetten, mit schwarzseidenen Beinkleidern und weißseidenen Strümpfen und seinen Schuhen mit den großen über den Rist gebogenen silbernen Schnallen. Er erwähnte übrigens, wenn auch nebenbei nur, einmal sogar Gertrude Elisabeth Mara, von deren Stimme auch Haydn begeistert gewesen sein soll. Unweigerlich, Sie ahnen es, hat hier auch Mara, mein Lieblings-Bösewicht, wieder einen seiner Auftritte. Hören wir, wie Tornquist aus dem Gedächtnis, tatsächlich aus dem Gedächtnis, aus Haydns Tagebuch zitiert; beeindruckend, wie er die Stelle, ohne daß einer der Anwesenden auch nur ein einziges Wort verstand, im Originalton, in dessen Muttersprache deklamierte: Den 24. Mertz 1795 gab Mara da Sie aus Bath zurück kam – ein Benefice Melod in Hannovers Room. Sie hatte aber nicht mehr denn 60 persohnen. man sagte, daß Sie niemals besser sang, als damahls. Janiowich dirigirte. Mr. Clementi saß am Klavier, machte seine große neue Sinfonie ohne beyfall. nach geendigtem Concert gab Madam Mara im nebenzimmer ein Soupe. nach 12 Uhr kommt der Mr. Mara ganz dreist zur thüre, trat vor und begehrte ein glas wein. Da Madam Mara die Raserey Ihres Mannes wohl einsah, welche da entstehen konnte, wendete sie sich an Ihren Advocaten, so eben am Tische war und welcher sagte zu Mr. Mara: Sie wissen unsere Gesetze. Sie werden die Güte haben, augenblicklich dies zimmer zu quittiren ansonst Sie morgen 200 Pfund zu bezahlen haben. der arme verließ die Gesellschaft.

Ich fühlte mich gut aufgehoben bei Tornquist. Eine testamentarische Verfügung, die mich wie einige meiner Geschwister zum sicheren, zum ewigen Tod in irgendwelchen Arsenalen einer Instrumentensammlung verdammen würde, war von ihm nicht zu erwarten. Allein die Vorstellung: Ich, bis in alle Ewigkeit weiter nichts als ein stummes, ein andächtig bestauntes und elektronisch bewachtes Ausstellungsstück eines Museums? The Mara, das Prunkstück, das nie mehr einen Ton von sich gibt?

Ganz übel hat es, was das angeht, einen meiner um vierzehn Jahre jüngeren Brüder erwischt, dessen Glück, gespielt zu werden, sich in seiner Jugend am spanischen Hof erfüllte, danach in Paris, wo sich zum ersten Mal die Händler einmischten (um auch seinen Preis nach oben hin zu korrigieren, bevor sich ein Verkauf ergab, der ihren Karrieren die Glanzlichter aufsetzte), nicht zu vergessen seine Mitgliedschaft in der Sammlung von Dom Luis, dem König Portugals. Die angenehmen Jahre des neunzehnten Jahrhunderts endeten für ihn dann aber mit dem Pech, daß Gerüchte aufkamen, die seine Echtheit anzweifelten, ausgestreut von einer Frau, der portugiesischen Cellistin Guilhermina Suggia. This is not the king's cello! verkündete sie, die als große Künstlerin verehrt wurde und noch dazu – und zu Recht! – als Kennerin Cremoneser Geigenbaukunst galt und nicht im Verdacht stand, mit dubiosen Geschäftemachern unter einer Decke zu stecken – aber fortan (und fälschlicherweise) hielt dann auch der König diese Arbeit unseres Vaters für eine Kopie und zog sie aus dem Verkehr. Weg damit. Ab mit dem Kerl in den Kerker, auch wenn es der Keller eines Palastes war. Dort verbrachte er sein Exil »in the company of rats, humidity and woodworm«, wie Journalisten recherchierten, nachdem der Irrtum aufgeflogen war. Feuchtigkeit, Moder, Schimmel, es gibt für ein Instrument keine heimtückischeren Feinde. Sollten Sie Lissabon besuchen und Zeit haben, können Sie meinen Bruder, aufpoliert natürlich und trocken, aber eben stumm, im Museo da Musica bewundern – oder, ganz wie Sie wollen, bedauern.

Tornquist, das war bei seinem Charakter viel wahrscheinlicher, würde sich eines Tages in den Klang eines anderen Cellos verlieben (eines Venezianers?), mich verkaufen oder tauschen – und so ist es dann ja auch passiert.

Kein Grund zu jammern. Ich werde gekauft und verkauft, die übliche Sache. Mal zu meinem Vorteil, mal zu meinem Nachteil. Früher wurde mit adligem Geld bezahlt, heute mit eiligem. Die Gründe, die für einen Kauf oder Verkauf in Frage kommen, sind verschieden. Ich will nicht alle aufzählen. Ich brächte sicher auch das eine oder andere durcheinander, was kein Wunder ist bei einer Zeitspanne von annähernd drei Jahrhunderten. Es genügt, daß ich Sie, was das betrifft, mit der argentinischen (zugegeben nicht gerade munteren) Geschichte bekannt mache. Die es aber, allein schon wegen ihrem erotischen Donner, in sich hat.

Ein Wort, bevor ich anfange, zum besseren Verständnis. Wahrscheinlich haben Sie darüber nie nachgedacht, es nicht einmal wahrgenommen, geschweige denn beobachtet; deshalb an dieser Stelle mein Vorschlag. Das nächste Mal, wenn Sie in einem Konzert sitzen und auf dem Podium oben einen Cellisten bei der Arbeit erleben, vergessen Sie für einen Moment die Musik, hören Sie einfach nicht hin und nehmen statt dessen nur wahr, was Sie sehen. Beobachten Sie ihn. Lassen Sie sich nicht ablenken durch Bewunderung. Nun? Fällt Ihnen jetzt, wo der Ton abgedreht ist, was auf? Gut, einer, der getrunken hat, schwankt ähnlich kolossal auf seinem Stuhl hin und her. Noch was? Richtig, er hat das Instrument, das er spielt, zwischen seinen Schenkeln. Das ist der Punkt, auf den ich hinaus will. Sie erleben in ziemlicher Deutlichkeit eine sehr handfeste Szene, von der Sie halten können, was Sie wollen, aber sie geht aufs Ganze, direkt, hautnah, nah an den Eingeweiden. Ich brauche, glaube ich, nicht deutlicher werden.

Ein Pianist hält Abstand (von Gould mal abgesehen). Ein Geiger, jeder Geiger, bietet der Geige seine Wange. Was tut unser Cellist? Er kommt mit der geballten Kraft seines Körpers von hinten. Er hält mit Armen und Beinen fest, was er hat. Das Cello ist seine Beute. Die Leichtigkeit seiner Bewegungen mag verblüffen, aber sie täuscht. Ein Geiger will fliegen, der Cellist umfallen. Machen Sie das Experiment, und Sie werden mir recht geben. Da sind ganz andere Kräfteverhältnisse, ganz andere Besitzansprüche am Werk, kann ich Ihnen sagen. Und ich schließlich muß es wissen. Ich weiß, wie das ist, wenn einer von keiner Umarmung genug kriegen kann. Stellen Sie sich das vor. Stellen Sie sich ein Leben vor unter dem Gewicht eines Oberkörpers, und stellen Sie sich einen Körper vor, der nie zur Ruhe kommt. Und jedes Jahrhundert verschärft das Tempo der Ruhelosigkeit. Ich habe von der Kerze bis zum Punktstrahler, von der Kutsche bis zum Jet alles erlebt, Tag für Tag, Epoche für Epoche. Die Welt rast – und irgendwo sitzen in jedem Jahrhundert zwei, drei große Komponisten zu Hause am Tisch, komponieren Cellokonzerte, die kompliziertesten, versteht sich, und treiben den

Körper, mit dessen Willen ich es zu tun habe, und mich, das Instrument, in ein intimes, manchmal schon fast bedrohlich intimes Nahverhältnis. Was tun, wenn es so in den Noten steht? Ganz am Anfang stand noch die Galanterie auf dem Programm. Heute tropft Schweiß. Was ich damit sagen will? Daß ich mit Männern Erfahrung habe – und zwar mit dem ganzen Mann, nicht nur mit seiner Wange und den fünf Fingern seiner linken Hand. Irgendwie färbt das ab, finde ich. Da hört die Schönheit auf, diskret zu sein.

Es begann, wie Tornquist, wenn er überhaupt noch darüber sprach, mit einem irgendwie betrübten, schmerzhaften Schmunzeln andeutete, eigentlich alles ganz harmlos.

Halt! Was höre ich da? Harmlos? Bitte, Carlos, ich bitte Dich! Wenn das keine faustdicke Lüge ist! Ich war doch dabei und weiß es einfach besser. Harmlos war die Sache nicht, alles andere als das. Sie war hochexplosiv, von der ersten Sekunde an. Sie waren wie Wein und Becher, überschüttet von einer gleichen Überhitzung der Gefühle, gleichzeitig rat- und schamlos, als seien sie (vielleicht gegen ihren Willen, aber was sagt das schon) jener schicksalhaften Abmachung zwischen den Geschlechtern ausgeliefert, die Gefahr bedeutet, Kampf, Unterwerfung.

An was ich mich, und zwar sehr gut und genau, erinnere, sind zwei unordentlich bekleidete Herrschaften, die sich, gelehnt an einen Schminktisch, wie er in Künstlerzimmern überall auf der Welt herumsteht, eine Art Ringkampf liefern, wobei ihre ganze Mühe darin zu bestehen scheint, nicht aufhören zu können, sich zu küssen und gleichzeitig in einen Rhythmus zu finden, der ihnen mehr erlaubt als nur die schweißtreibende Imitation eines Vorspiels – was so unmittelbar nach einem Konzert, wie Sie sich vorstellen können, nicht nur ungewöhnlich, ja befremdlich war, sondern vor allem sehr, sehr komisch aussah, sie in glänzender, großer Garderobe (das Oberteil hing allerdings bis auf die Hüften bereits herunter), er halb noch im Frack, ohne Hose, in Lackschuhen.

Denen, die draußen vor der Tür zur üblichen Gratulationstour angetreten waren, rief er durch die Tür zu, sie sollten sich doch bitte einen Moment noch gedulden.

Nicht die unverschämte Heftigkeit und Heimlichkeit ihres Glücks, das sie, ohne Zeit zu verlieren, an sich rissen, fand ich übertrieben, sondern seinen Kniefall vor ihr, den er das Beste nannte, was er in seinem ganzen Leben an Gymnastik absolviert habe.

Seine Freunde schüttelten den Kopf – obwohl Liebe beißt und ein Verliebter (das kam ja, wie sie neidvoll zugeben mußten, vor) zu allem fähig sei. Einige hatten das längst vergessen, wie ihnen erst jetzt, als ihr Freund dabei war, offenbar ganz und gar den Verstand zu verlieren, wieder einfiel.

War Tornquist, der den Ruf genoß, es vielen Frauen gut zu machen, tatsächlich verrückt oder einfach nur schlagartig monogam geworden? Würde er sie, wie er bald ankündigte, heiraten? Was tun? Was würde dieser neuerdings auch in gewissen Kreisen in Argentinien heiß diskutierte Wiener Experte dazu sagen? Sollten sie ihm den Fall schildern, ihm einen Eilbrief schreiben?

Die Freunde dachten nach, gemeinsam und jeder für sich; und waren sich uneins. Saftige Witze wechselten ab mit grauer Theorie. Es war die Rede von der Leuchtspur ihrer Leopardenaugen, ihrer Gleichgültigkeit Tornquists Karriere gegenüber, ihrer finanziellen Unabhängigkeit. Ob er sich, seit er sie kannte, befreit fühlte, entlastet, erlöst endlich von den vielen kleinen Sünden, die er als bewunderter, immer nonchalanter Kavalier begangen hatte? War diese Frau eine Sphinx, also alle Frauen in einer? Nahm er sich heraus, wovon andere nur träumen? War er, ein Held der Frauen mehr als ein Frauenheld, bis ihm diese Person den Weg zu allen weiteren möglichen Affären abschnitt, noch der gleiche Mann? Warum war er einverstanden, auf seinem Grundstück einen Baum, den er liebte, dem Bau eines Swimmingpools zu opfern? Er trat (wie erst neulich in São Paulo) neuerdings in einem schwarzen, chinesisch geschnittenen Hemd vor sein Publikum – warum? Was erregte ihn, wenn sie ihn, wenn er sie anschaute? Und was tat er denn noch anderes?

Ihr jedenfalls schien die Provokation Spaß zu machen, sich anschauen zu lassen. Sie war, wie sie das nannte, nie Jungfrau gewesen. Ihre Mutter sei ein Fluß, ihr Vater ein Wald gewesen. War sie vielleicht, auch das noch, nicht ganz bei Trost? Oder nur auf eine unübliche, sonderbar selbstsichere Weise dumm? So dumm, stellte einer seiner Freunde fest, daß sie auch noch miaut, ist sie zwar nicht, aber sie weiß, wie man es anstellt, daß einem Mann danach ist, es zu tun.

Zumindest zum Üben kam Tornquist in diesen Monaten nicht mehr.

Außergewöhnlich auch, daß sie rauchte. Das tat eine Frau, die sich benahm, damals nicht. Eines Tages werden es alle tun, sagte sie und fügte im gleichen Atemzug (welch rätselhafter Rösselsprung eines Gedankens!) hinzu: Eines Tages werden die Frauen die Männer lieben, und das nicht nur, um glücklich zu werden.

Tatsache war, daß ihn diese Begegnung (und jeder weitere

Tag ihres Lebens) verändert und seinen Ehrgeiz angestachelt hatte, in der Liebe weniger das Liebevolle, Leichte, Leichtfertige zu suchen (wie so lange), sondern das Rücksichtslose, Erbarmungslose, Liebestolle. Eine besorgniserregende Entscheidung.

Und ich? Noch war ich Luft für sie; noch. Sie zeigte kein sonderliches Interesse. Es ist schön wie eine Frau, sagte sie nur einmal beiläufig. (Ich, eine Frau? Sehr witzig, wirklich! Nur daß es sonst die Männer sind, die diesen Quatsch von sich geben.)

Ist es, antwortete er.

Sie dachte einen Augenblick nach. Aber Dir ist klar, daß es nur ein Cello ist?!

Tornquist hatte begonnen, ein altes Lied zu summen, ein Volkslied, das in Argentinien jedes Kind kennt. Sei mein Mädchen, bring mir Glück. Nimm mein Leben, bring's zurück. So ähnlich.

Das kleine liebe Liedchen war derart populär, daß sich jeder pubertierende Halbwüchsige, der es einmal von seinem Vater oder Großvater gehört hatte, längst seinen eigenen Reim darauf selbst zusammengedichtet hatte, und nicht nur einen, sondern immer andere, neue, immer unverschämtere Verschen, was zu seiner Zeit auf Schulhöfen zu regelrechten Wettbewerben ausgeartet war. Und so änderte auch Tornquist die eine oder andere Strophe ab und summte in Gedanken (und süßer Erinnerung an die eine oder andere Schandtat seiner Flegeljahre) einen garantiert selbstgebastelten Text, dessen letzte Zeilen lauteten: Willst Du, Liebe, daß sie glückt, sei das Mädchen, das sich bückt.

Sie sah seinem Gesicht nicht nur das Vergnügen an, den

kleinen Lausbub, der er gewesen war, zu spielen, sondern erriet den Gedanken, den er dabei hatte, und ... bückte sich.

Mir streckte sie – ich bin kein Fachmann, was das betrifft, aber es sah so aus – die Zunge heraus.

Um mich, noch nicht einmal sechs Monate nach diesem lupenreinen *coup de foudre*, gegen ein anderes, natürlich ungetauftes Instrument (ein von ihr bezahltes Gofriller-Cello) einzutauschen, genügte das Dauerfeuer ihrer Eifersucht (und sie verstand sich, wie nur je eine südamerikanische Schönheit, auf die Orchestrierung dieses kaltglühenden Feuers). Es war aussichtslos, denn sie hatte sich nun einmal in den Kopf gesetzt, Mara, meinen Namen, mit dem einer Frau, einer, wie sie vermutete, verflossenen Geliebten, einer Rivalin, irgendeines, wie sie sich ausdrückte, hergelaufenen Flittchens in Verbindung zu bringen, dem Tornquist mit der Widmung seines Cellos ein in ihren Augen unverschämtes Kompliment gemacht hatte – und die sie deshalb als Konkurrentin betrachtete, als noch immer gefährliche, interessante, schöne, leidenschaftliche, vor allem unvergeßliche Nebenbuhlerin – unvergeßlicher vielleicht, als sie es je sein würde?

Was wird aus uns, wenn wir tot sind?

Das konnte sie so sagen, einfach so, während sie sich die Lippen nachschminkte oder an einem Eis schleckte oder mit geschlossenen Augen im Garten im Gras lag. Es war auch nicht klar, ob sie sich überhaupt immer selbst zuhörte, wenn sie redete.

Einmal, in der Schlange vor einer Kinokasse, fiel sie ihm, auch einfach so, um den Hals und weinte so hemmungslos, daß sich die Leute den Film, einen Liebesschinken der beliebten üblichen Art, eigentlich hätten sparen können, zumindest das Ende-gut-alles-gut-Ende.

Tornquist schlug vor, sich den Film zu schenken (sie hätte, wie er annahm, einfach auch keine Tränen mehr für noch eine Schnulze!), und beschloss, Hunger zu haben. Worauf hast Du Lust? Wohin darf ich Dich entführen?

Schon war sie wieder ganz da, und das hieß Angriff. Wohin? Wo Du diese Mara und wahrscheinlich auch die anderen Deiner ... Deiner ... – das Wort, das ihr auf der Zunge lag, schluckte sie runter – Deiner Affären hingeschleppt hast!

Jedenfalls ist das Essen dort anständig. Und zu Fuß können wir auch gehen.

Sie hängte sich, weil sie ihn (wie ein kleines, ungezogenes Kind, das es genießt, sich ungestraft Bosheiten herausnehmen zu dürfen) wieder liebte und wußte, wie gern er das hatte, bei ihm ein – was sie keinem anderen Mann zuliebe getan hätte. Es beeinträchtigte, wie sie fand, ihr Gefühl für Bewegungsfreiheit. Außerdem ging alles so langsam, wenn man so ging, und man kriegte sicher auch irgendwann davon Rückenschmerzen. Willst Du gar nicht wissen, warum ich vorhin geweint habe?

Nein.

Nicht mal ein bißchen?

Nein.

Sie löste ihren Arm aus seinem. Und warum nicht?

Schade, daß Du keine Opernsängerin geworden bist, bei Deiner Begabung für Auftritte.

Jetzt war er es, der sich unterhakte. Du könntest, was Du sagen willst, singen. Auch noch gegen Gage, und am Ende mit Ovationen und Blumen im Arm. Und das auf der ganzen Welt. Und niemand käme auf die Idee, Dich mißzuverstehen.

Du könntest lieben und hassen, morden oder selber sterben und anschließend einfach in der Garderobe verschwinden und Schampus trinken.

Lieber Himmel, singen auch noch?

Wäre das bei Deinem Temperament nicht das Natürlichste?

Sie blieb stehen. Worauf willst Du hinaus, mein Lieber? Analysierst Du mich gerade? Meine Kindheit, meine Ehen, was es zu bedeuten hat, was mir mit Männern Spaß macht? Was ist, kommst Du voran? Sag mir, wenn Du nicht weiter weißt. Ich werd Dir helfen. Ich kann ja schlecht was verbergen. Was das betrifft, bin ich ja nun wirklich unkompliziert, und zwar völlig.

In einer Nebenstraße entdeckte sie eine kleine Kirche und ging hinein. Schade, daß man hier, wo soviel Platz wäre, nicht tanzen darf, dachte sie und drehte sich trotzdem einige Male, mehr ausgelassen als andächtig, um sich selbst. Sie ließ es dann sein, zwängte sich in eine der Bänke, kniete nieder, bekreuzigte sich und betete. Tornquist war sich nicht sicher, ob sie es tat, um wen zu verblüffen – ihn oder Gott?

Danach hatte sie Lust, sich zu betrinken.

Tornquist lief ihr hinterher, obwohl doch nur er wußte, wo sie hinwollten. Aber entweder hatte sie die Berührung mit dem kalten Steinboden der Kirche erfrischt oder die kleine Unterhaltung, die sie mit Gott geführt hatte, jedenfalls war sie wieder bester Laune. Ist das nicht der Park, wo es gefährlich ist?

Ja, sagt man. Bleib also besser in meiner Nähe.

Verstanden, sagte sie und rannte los.

Daß sie auffielen, als sie das Restaurant betraten, war das mindeste, was sie gewohnt war und erwartet hatte – aber daß sie den Kellner (*seinen* Kellner, wie er ihr erklärt hatte, und das, seit er sich Lokale wie dieses leisten konnte) mit einem Blick auf den Teller, eine Kostprobe gerösteter Brotscheiben, den er vor sie hinstellte, aufforderte, gefälligst nicht so knauserig zu sein mit dem Knoblauch, und ihn deshalb zurückgehen ließ, fand Tornquist mehr als übertrieben. Es war peinlich.

Sie verstand die ganze Aufregung nicht, und Tornquist machte auch so ein Gesicht. Hatte er etwa vor, sich mit diesem Kellner gegen sie zu verbünden? Fühlte er sich blamiert? Was ist, wollte sie wissen, ist Knoblauch Männersache?

Ihr gefiel nicht, und zwar ganz und gar nicht, daß er sie im Stich ließ, und sie beschloß deshalb, sich bei der nächsten Gelegenheit ein wenig zu rächen. Bist Du das nicht, der da an der Wand hängt?

Er war es, und er war nicht allein, wie sie sah. Das Foto zeigte Tornquist mit mir in Aktion während eines Konzerts, a-Moll, Schumann, wenn ich mich nicht täusche.

Wieviel Jahre bist Du mit ihr schon zusammen? Auf dem Foto sieht es wirklich nur wie ein Cello aus. Und? Ist es immer brav?

Sie gab sich Mühe (wozu hatte sie sonst das weiße Kleid angezogen), nicht gleich wieder damit anzufangen – und nicht alles in Tornquists Lieblingsrestaurant gräßlich zu finden, aber es war gräßlich. Durfte man sich hier eigentlich auch amüsieren? Überhaupt normal atmen? Was waren das für Ehepaare links und rechts, aus welcher Welt? Aus welchen Essigtöpfen hatte man die gezogen? Und was tuschelten sie und glotzten? Mein Gott, dachte sie, also hier hat er mich hergeschleppt, nicht zu fassen! Was werde ich dem Mann alles noch abgewöhnen müssen.

Tja, da sitzen wir nun.

Gefällt es Dir?

Großartig, wirklich, absolut erstklassig. Nur etwas stört mich, eine Kleinigkeit. Dieses ganze verfluchte Restaurant stinkt nach falschen Zähnen, falschen Haaren und den üblichen alten Lügen, die sich Leute erzählen, die Geld haben.

Darauf war Tornquist gefaßt gewesen, bat sie aber, nicht gleich das ganze Restaurant mit ihrer Meinung zu unterhalten. Die Preise sind saftig, das stimmt.

Am besten, ich freunde mich mit dem an, was da in der Flasche ist. Sie suchte den Tisch ab. Wo ist sie?

Sie stand neben der Karaffe, und beides außer ihrer Reichweite auf einer Anrichte.

Laß den Kellner das machen, Maria.

Da war sie anderer Ansicht. Stand auf, schnappte sich die Karaffe und übergab sie Tornquist. Hier, wenn Du die Freundlichkeit hättest.

Schon gut, Diego, informierte er den Kellner, der herbeigeeilt war. Wir gießen uns selbst nach, danke.

Gewohnt war sie so schweren Wein nicht, das spürte sie nach dem ersten Glas. Und irgendwann hatte sie genug und konzentrierte sich darauf, traurig sein zu wollen. Sie schaffte das. Sie sah einem ihrer Finger zu, der einen Brotkrümel zerdrückte. Die Blume, die ihr dabei zuschaute, eine Amaryllis, ein einziges einsames Exemplar in einer kleinen, kunstvoll geschliffenen Vase, langweilte sich sicher auch. Und die Tischdecke mit den Bügelfalten war, wie sie Tornquist versicherte, steif vor Langeweile.

Sie starrte den Mann an, den sie liebte. Hatte sie Beweise, daß es so war: daß sie liebte? Eigene, seine? Der Kratzer an seiner rechten Wange gefiel ihr und auch, daß sie daran alles andere als unschuldig gewesen war. Seine Schönheit macht mich eben manchmal nervös, ist das schlimm? Soll ich Rücksichten nehmen, wenn mir heiß wird? Er weiß schließlich, was einem Mann blüht, der aussieht wie er.

Am liebsten würde sie den Abend mit ihm noch einmal von vorne beginnen wollen, verliebt hereinkommen, Hunger haben und niemand hören und sehen. Statt dessen war alles wieder schiefgelaufen, wieder einmal. Dabei hatte sie sich, schon sich selbst zuliebe, soviel vorgenommen.

Hatte sie sich nicht verausgabt, um sich schön zu machen, bevor sie das Haus verließen? Sie hatte sich doch Mühe gegeben, ihm gefallen zu wollen? Sie hatte sich vorgenommen, wenigstens einmal, ein einziges Mal, einen ganzen Abend lang zuhören zu wollen, nur zuhören, selbst wenn er wieder, wie üblich, mit seinem Haydn anfing, ihn auch noch in einer ihr völlig unverständlichen Sprache zitierte (er mußte das Gedächtnis eines Bibliothekars haben – kein Grund also anzunehmen, er könne nicht auch ganze Passagen aus Liebesbriefen auswendig) und ihr, wenn er sentimental wurde, wieder mit seiner Idee einer Reise nach Europa in den Ohren liegen würde, einer Reise nach Österreich, wohin sonst, und ins ungarische Fertöd, an all die Orte, wo er geboren worden war, wo er gehungert, wo er musiziert, komponiert oder nicht komponiert hatte und gestorben war. Okay, Geliebter, ich pack schon mal unsere Koffer. Ich pfeife auf Rom, auf Paris und Venedig, fahren wir ins Grüne, in die Provinz, wenn es Dich glücklich macht, und schauen uns seine Häuser, seine Wohnstuben und die Kirchen an, in denen er dirigiert hat. Ich will nicht kleinlich sein. Ich helfe Dir sogar suchen, damit Du vielleicht die eine oder andere Reliquie findest.

Du hast gar nichts angerührt von dem Essen, fiel Tornquist auf, den allerdings viel mehr als die Filetspitzen und Schmetterlingsnudeln auf ihrem und das Dutzend Austern, glitschige, glupschige Claires, auf seinem Teller die Überlegung beschäftigte, ob es nicht vielleicht doch klug wäre, sie einem Psychologen anzuvertrauen, und ob es sich lohnte und wie zeitraubend es wäre, immerhin war er bald sechzig. Iß was, wenigstens ein paar Bissen.

Sie schob ihm den Teller hin. Iß Du's.

Ihre Augen, denen schon schwerfiel, Ordnung zu halten, schwammen in eigenen Gewässern. Tut mir leid, Carlos. Ich hab mal wieder alles verdorben.

Du hast nur einfach zuviel getrunken, das ist alles.

Spar Dir, mich in Schutz zu nehmen. Ich hab's vermasselt, ich, ich ganz allein.

Da sie nicht wußte, wohin mit den Händen, strich sie eine Haarsträhne zurück hinter die Ohren und senkte dann den Kopf. Und dann sah sie es. Zwei Rotweinflecken (und nicht die schlechtesten!) hatten sich ins Programm ihrer Kleiderordnung eingemischt. Oh, mein Gott, das auch noch!

Es ist nicht ganz die Stelle, wo einem das liebende Herz blutet, lachte Tornquist, aber was willst Du, ein Farbtupfer mehr kann nicht schaden in dieser grauen, grauen Welt.

Sie richtete sich kerzengerade auf, wurde größer und größer. Was dagegen, wenn ich genug habe ... und allein sein will?

Er nahm ihre Hand. Es war reine Glückssache, ob er damit Erfolg haben würde.

Ich stehe jetzt auf und verschwinde – und Du, bitte, bleibst sitzen.

Du bleibst sitzen. Das war jetzt keine Zärtlichkeit mehr, wie seine Hand zupackte.

Ich kann nicht. Mir ist schlecht.

Ach was, sagte Tornquist, Du hast einfach nur Lust, Dich schlecht zu benehmen, nichts anderes.

Er verführte sie schließlich mit einer Zigarette (einer jener süßlichen schwarzen und sündhaft teuren Importware, die neuerdings in der Hauptstadt en vogue war), sitzen zu bleiben. Und gab ihr Feuer, und das so ausführlich und so absichtsvoll auffällig, daß es noch stiller wurde um sie herum. Alle schauten sie einer Frau zu, die – und das in der Öffentlichkeit – eine Zigarette rauchte! Ein Akt widerwärtiger Gewöhnlichkeit! Noch dazu, wie sie rauchte! Sie paffte nicht einfach und stänkerte mit ihrem Glimmstengel den Raum voll. Sie gab jetzt wirklich eine Vorstellung. Sie rauchte nicht einfach nur, sondern zelebrierte ihre Provokation – was den Genuß erst vollkommen machte. Sie blies den Rauch in vollkommen geschlossenen Kringeln in die Luft, was so gekonnt nicht einmal jeder Möchtegern hinkriegt, und schaute ihnen zu, wie sie über dem Tisch schwebten, um sich dann langsam, einer nach dem anderen, aufzulösen.

Ich kannte Tornquist, wenn ihm eine Sache nicht gefiel. Er griff dann, wie während seiner anstrengenderen Konzerte auch, instinktiv immer zum Taschentuch und trocknete seine Handflächen. Immerhin, sie war nicht aus dem Lokal getorkelt, sondern wie befohlen sitzen geblieben, das wenigstens war ihm gelungen, aber gewonnen hatte er damit noch nichts. Wie sie nur wieder das Foto an der Wand, das mit ihm und mir, anstarrte! Er nahm ihr einfach nicht ab, daß sie immer noch annahm, Giovanni Mara, dessen ganzes Leben er ihr erzählt hatte, sei nur eine Ausrede und er verschweige ihr etwas. Wissen Sie, daß sie einmal sogar drauf und dran war, mir eine Champagnerdusche zu verpassen – oder eine Taufe, wie sie das sah? Fahr zur Hölle, Mara! Ich taufe Dich auf den Namen »Maria«. Sie kriegte nur den Korken nicht auf. Und vergaß es erst einmal wieder.

Tornquist wartete darauf, daß gleich die Tür aufging und eine Horde munterer Zeitungsleute mit ihren Fotografen hereinstürmte. Jedenfalls lag die Adresse ganz auf ihrer Route. Auch egal, dachte er und war schon heilfroh, daß seine Liebste, auf den Geschmack gekommen, nicht nach der Kiste mit den Zigarren verlangte. Übrigens, Du schuldest mir noch immer eine Antwort.

Nur eine?

Was soll ich tun, zu- oder absagen? Was meinst Du? Ich muß denen ja Bescheid geben.

Sie nickte.

Heißt das ja oder nein?

Der rote Doppelfleck auf dem weißen Kleid war gefährlich für jemand, dem dabei unweigerlich all das Traurige wieder einfiel, das sie getan hatte – und irgendwann womöglich wieder tun würde. Dachte denn nicht auch er jetzt, daß sie es wieder versuchen könnte, daß sie es nicht hinter sich hatte, nicht *wirklich*, daß sie es immer noch nicht begriffen hatte, es entweder gut zu machen (und Friede ihrer Asche) – oder eben sein zu lassen? Ja, ja, mein Guter, einverstanden, das Leben ist schön, und vor allem, es hat jeder nur eines zu leben. Und so einfach, nicht wahr, wie jeder glaubt, ist es gar nicht, sich umzubringen.

Wir könnten, wenn ich die beiden Konzerte in Mexiko zusage, noch ein, zwei Wochen dranhängen und uns irgendwo an der Küste etwas mieten, uns ausruhen und schwimmen und spazierengehen, einfach nur faulenzen und nichts tun und ...

Von was ausruhen?

Soll ich Ihnen verraten, was sie jetzt am liebsten getan hätte? Ihn zerquetschen, ihn ganz langsam zwischen ihren Augenbrauen zerquetschen! Sie hätten ihr Gesicht sehen sollen. Ließ ihr Blick nicht darauf schließen, sie hätte mit dieser Methode schon mal Erfolg gehabt? Ausruhen? Nichts tun? Faulenzen? Wie aufregend! So redete er nur, wenn er nicht weiterwußte und sich vornahm, Einfälle haben zu müssen, an die er selbst nicht glaubte. Von Konzerten in Mexiko war nie die Rede gewesen. Sie kannte seine Reisepläne. Und noch etwas war unerträglich: der Tonfall, in dem er sprach. Es klang, wie er redete, ein bißchen zu sehr nach Nächstenliebe. Tat sie ihm leid? Wie leid tat sie ihm? Warum das alles? Raus mit der Sprache! Schluß mit der Schonzeit! Wer bringt wen zuerst um? Wie stehen die Wetten? Aber nein! Gib mir die Hand. Beruhige mich! Halte mich. Aber sag nicht: eine kleine Hütte am Meer, wenn Du meinst, ich gehöre eigentlich in ein Sanatorium. Und sag nicht: wir zwei, wenn Du meinst, daß Du mich, sooft Du Zeit hast, dort besuchen kommst.

Wie stolz sie gleichzeitig trotzdem auf ihn war, welche Mühe er sich gab, den Abend zu retten, denn sie wußte sehr wohl selbst, wie anstrengend sie sein konnte, wie ihr Zustand, wenn sie getrunken hatte, ihm die Laune verdarb und den Appetit – und er trotzdem alles versuchte, den Kavalier zu spielen.

Kurz darauf war sie eingeschlafen.

Tornquist spielte jetzt genau das, den Kavalier, den Helden, den starken, schweigsamen Mann (Publikum war er ja gewöhnt), und trug sie hinaus. Zum ersten Mal, das sah man, legte er diesen Abgang nicht hin.

Tut mir leid, Diego, aber ich habe im Moment leider keine Hand frei, tröstete er den Kellner, der ihm die Tür aufhielt. Schreiben Sie Ihr Trinkgeld auf die Rechnung.

Sie hatte nie eine Schule besucht, sie war, was dieses Pensum anging, ungebildet. Sie las keine Bücher, verstand nichts von Musik, nichts von Kunst, nichts von Gedanken, die, wie man annimmt, der Menschheit Erfindungen und Fortschritt beschert hatten. Es störte sie das alles auch nicht. Es gab Wichtigeres, zum Beispiel den Versuch, an der Tatsache Vergnügen zu finden, eine Frau zu sein.

Mit dem ganzen Konzertbetrieb, der Tornquist betraf, wollte sie nichts zu tun haben, schon gar nichts mit Leuten, die zwar den Unterschied zwischen einem Adagio und einem Andante, nicht aber den zwischen einem Kakadu und einem Papagei kannten. Mit der Kumpelhaftigkeit unter Musikerkollegen auch nicht. Nur bei Auslandsreisen blühte sie auf, weil es ihr Gelegenheit bot, Freunde wiederzusehen. Und bei Interviews saß sie auch gern neben ihm, auch wenn er von wandernden Terzen sprach oder sich im Ostinato verhakenden Quinten.

Zugegeben, ich hatte manchmal trotzdem mitunter Gänsehaut. Sie mußte nur wieder eines der Programmhefte eines seiner Konzerte gelesen haben. Genau das war ja ihre Lieblingsbeschäftigung, wenn sie, wenn er auftrat, vorne in der ersten Reihe saß. *Er spielt*, stand da immer am Schluß seiner Biographie, *das berühmte Cello »The Mara« (Stradivari, 1711)*. Muß das sein? Warum? Muß es auch noch extra drinstehen? Ich wartete nur darauf, daß sie die Seite herausriß, zusammenknüllte und ...

Armer Carlos! Alles war doch einmal ein Kinderspiel gewesen. Das Spiel, die Liebe, die Frauen. Wie einfach war es gewesen, unschuldig zu sein. Und jetzt das!

Der Künstler, der die Heiterkeit eines Haydn liebte und diese Liebe seinem Publikum zum Geschenk machte, war nicht wiederzuerkennen. Warum hatte er an jenem verhängnisvollen Abend, kaum war die Krawatte gelöst und die Manschettenknöpfe offen, die Kontrolle über den Virtuosen, der er doch gerade noch gewesen war, verloren? Er, der sich von nichts und niemandem je hatte unterkriegen lassen, nicht von schwierigsten Noten, von Dirigenten ohne Taktgefühl und nicht einmal von seinem Lampenfieber vor den Konzerten?

Vielleicht hätte ich das alles taktvollerweise gar nicht erzählen sollen, vor allem nicht so ausführlich. Bei meiner Herkunft und der Karriere, die ich vorzuweisen habe, erwarten Sie von mir sicher etwas mehr Zurückhaltung. Tornquist war ja, bis ihn die Schwarzhaarige auf dem falschen Fuß erwischte, weiter nichts als ein robust gebauter Genießer, ein souveräner Vollstrecker, der Normalfall für argentinische Verhältnisse.

Und mein Cellist, vorerst noch.

Ob er weniger übte? Nein, eher mehr.

Ob er irgendwie anders spielte, mit mehr Melos, größerer Bravour? Nein, alles wie gehabt. Keine Klaue, keine Samtpfötchen. Haydn eben.

Ob er mit Haydn alt werden wollte? Nein, mit Gabriella Maria Dolores, und das, bis er mit seinen Knochen unter die Erde kam.

Ich war allen Bemühungen gefällig, die dieser – bis sie auftauchte – so liebenswürdige Südamerikaner sich vornahm, der die Adagios liebte, die aufleuchtende Dunkelheit der Serenaden, die tiefen Register. Er spielte alles so, als gäbe es nur Frauen auf der Welt, als erzähle er ihnen mit einem Valse triste oder einem langsamen Lamento etwas nie Gehörtes. Ein Wunsch aller Männer, mit oder ohne Cello. Aber da ich ihn mochte, gab ich mir Mühe, ihm zu gefallen. Ich klang, wie soll ich sagen, unbekleideter, frecher, ein bißchen schamlos. Musikalisch gesehen war die Sache so zweifelhaft, wie sie moralisch anfechtbar war, aber wir waren Kumpel geworden, was sich am Ende für uns beide auszahlte.

Mein Freund liebte mich – und ließ die Kraft, die sein Herz beschleunigte, an seinen Eroberungen, seinen Affären aus, nicht an mir. Ich wußte immer, wann es soweit war. Er zwinkerte seinem angeketteten Kakadu zu, dann kamen seine Lippen dem Hals einer Frau zu nahe. Nur, dann kam Maria! Es kam die Krankheit seiner Abhängigkeit. Es kamen Sprüche wie »Durch Glück umkommen, das ist Glück!« Und das aus seinem Mund! Wie war das möglich? Warum hatte Tornquist sie nicht, nach ein, zwei Wochen, zurückgeschickt zu dem jungen, reichen Brasilianer, der sie verehrte, diesem Santos-Dumont, einem Dandy, der Flugzeuge baute und Lenkballons?

Seine Schwester hatte bei einem ihrer Besuche absichtlich einen kleinen Roman, der ihr gefallen hatte, auf seinem Tisch im Musikzimmer zurückgelassen, mit einer einzigen mit Bleistift angestrichenen Stelle, die er hoffentlich, auch wenn er das Buch nur durchblätterte, entdecken würde, und die folgendermaßen begann: »Sie war elegant, sie war träge, sie war ziemlich engelsgleich in einer Hinsicht und hoffnungslos dumm in vielen anderen. Ich war einsam und ängstlich und rücksichtslos vor Lust ...«

Es landete, ungelesen, in meinem Cellokasten.

Dort lag auch immer eine Tüte mit Fotografien, Fotos von Frauen, auch von verflossenen Bekanntschaften, denen vom letzten, vom vorletzten Jahr. Ein ziemlich dicker Packen mit Schnappschüssen von mehr oder weniger immer gleich boshaft lächelnden Gesichtern. Tornquist wollte offenbar auch unterwegs auf dieses Archiv seiner Eroberungen nicht verzichten. Zudem war er treu, nie einer seiner Erinnerungen überdrüssig, schon gar nicht denen an Frauen, und selbst nüchtern in der Laune, von den Vorzügen jeder einzelnen von ihnen vollkommen mühelos zu schwärmen, sogar bei der Beichte, wenn es sein mußte. Er war der einzige meiner Cellisten, der einen Wechselrahmen gebraucht hätte, um die Galerie seiner Schönen immer auf dem neuesten Stand halten zu können. Alle anderen waren vergleichsweise konservativ. Sie klebten die Innenseiten mit Fotos voll, dem üblichen Kram, Familienfotos, Porträts von Ehefrauen oder Freundinnen, Kinderfotos vor allem.

Ein Cellokasten ist eine Herzenskammer, im Grunde ein kleiner, solide gezimmerter Holzschrank, der immer auch als Schublade für sehr persönliche Erinnerungsstücke in Gebrauch war. Vor der Erfindung der Fotografie waren besonders Haarlocken beliebt, am Busen vorgewärmte Briefe, Liebesbriefe natürlich, die schwärmerisch (weil aussichtslos) die Wonnen eines Wiedersehens heraufbeschworen, um dann mit einem kurzen Adieu, mein Teurer! zu entsagen. In dieser Sammlung durfte auch ein rätselhaft verehrtes Stück Stoff nicht fehlen, eine Haarspange, ein Seidenband. Ich rede nicht vom Üblichen, dem Bündel der Noten, die Cellobogen, einem Buch vielleicht, Vertragskopien. Das alles mußte mit, war aber nichts gegen die kostbaren, handgeschriebenen, mit einer Schicht feinen Sands getrockneten Liebesworte, dieser symbolischen Medizin gegen das Alleinsein, das Heimweh, die Angst.

Anthony Pini, den ich fast vergessen hätte, ist mir (außer daß er Elgar's Cellokonzert spielte wie kein anderer) vor allem deshalb im Gedächtnis geblieben, weil seine Herzenskammer leer war, leer bis auf eine Ansichtspostkarte. Von Anfang an nie etwas anderes als eine einzige kolorierte alte Postkarte. Ich habe nie erfahren, ob sie auf der Rückseite beschriftet war, und wenn, von wem, mit welchem Text, und ob er sie mit der Post zugeschickt bekommen oder selbst gekauft hatte. Zu sehen war das Meer (in einem falschen, geradezu abschreckend blauen Blau!). Am rechten unteren Bildrand war das Wort ISTANBUL zu lesen, am oberen der Strich einer Küste zu sehen, dahinter Häuser, eine Ansiedlung, die Stadt. Im Zentrum des Bildes (und mitten im Meer) das Motiv: eine kleine, aus Beton gemauerte Insel, groß genug für einen Leuchtturm. Die Türken nennen den Turm Kiz Kulesi, Mädchenturm, und erzählen eine traurige Geschichte. Die Geschichte eines Mädchens, dem prophezeit war, an ihrem 18. Geburtstag durch den Biß einer Schlange sterben zu müssen. Natürlich glaubte der Sultan an die Macht der Propheten, aber noch mehr vertraute er seiner Entschlossenheit, seine Tochter trotzdem retten zu können, mußte er sie doch nur rechtzeitig vor ihrem Geburtstag an einem Ort in Sicherheit bringen, wo es keine Schlangen gab. Also ließ er im Bosporus eine Insel aufschütten, eben dieses Kiz Kulesi, und baute darauf einen Turm. Schlangen konnte es hier keine geben, hier nicht. Und so wurde das Fest dann dort gefeiert, und was für ein Fest, denn der Sultan feierte ja zugleich auch das gerettete Leben seiner

Tochter, allerdings nur so lange, bis sich die Prophezeiung doch erfüllte – eine Schlange, vom Festland eingeschmuggelt in einem Korb mit Früchten, biß die Hand, die sich ihr als erste näherte, die Hand des Mädchens.

Keine Ahnung, was diese Postkarte in einem Gelbkasten zu suchen hat und was Pini damit zu tun hatte. Warum ausgerechnet dieses Bild? Welchem Leben war sie entrissen, welchem Zusammenhang mit ihm, der sie aufbewahrte?

Zu seinem Schrecken mußte Pini feststellen, daß es in einem Leben (auch für ihn) keine Sicherheit gab. Dabei war alles bestens für uns gelaufen, bis dahin wenigstens. Er war vom noch jugendlichen Tutticellisten zum zweiten Solocellisten avanciert und keine drei Jahre später, mit einem kühnen Sprung voller Selbstvertrauen, zum Solisten. Erste Konzerte vor einigermaßen gefüllten Stuhlreihen. Erste Erfolge. Dann der erste Handschlag mit einem, der sich anbot, ihn zu vermitteln. Na also, schrieb er einem Freund, die Wette geht an mich. War ihm doch schon als Anfänger danach gewesen, mit seiner Kunst Aufsehen erregen zu wollen, natürlich erfolgreich und im Alleingang – sein Freund, freilich nur aus Spaß und um ihn anzuspornen, hatte dagegen gewettet. Jedenfalls, sagte er, brauchst Du dafür ein richtiges Cello.

Stimmt! Es fehlte nur noch das richtige Instrument! Aber woher das Geld nehmen? Und welches, das er hätte spielen wollen, war zu haben? Ihm gingen, wenn er daran dachte, die Haare aus vor Verzweiflung.

Nennen Sie es Zufall oder Vorsehung oder Gnade, aber zu dieser Zeit, in diesem Zustand der Ungewißheit, lernte Pini ein Mädchen kennen, in das er sich – ein wenig nur, um sich zu entspannen, wie er das immer herunterspielte – verliebte.

Was lediglich heißt, er versuchte herauszubekommen, wie die Chancen standen, daß zuerst sie sich in *ihn* verliebte. Die Sache lief dann allerdings von Beginn an schon deshalb nicht völlig reibungslos, weil dieses junge Fräulein noch immer in einen anderen, genauer gesagt: in seinen Vorgänger, verliebt war, den sie ihm höchstpersönlich eines Tages dann auch vorstellte. Das hätte sie besser bleiben lassen sollen, denn die beiden jungen Burschen fanden auf Anhieb Gefallen aneinander, erstaunlicherweise trotz der für alle zwei überraschenden Tatsache, daß sie eine Geliebte hatten, die sie beide betrog, und das ebenso absichtlich wie abwechselnd.

Sie trafen sich bald allein.

Sie waren, der eine vier-, der andere siebenundzwanzig, in etwa gleich alt, mit allerdings (das besagte, experimentierfreudige Fräulein ausgenommen) völlig verschiedenen Interessen. Anthony (eigentlich Carlos Antonio) Pini, von einem französischen Vater und einer schottischen Mutter abstammend und in Buenos Aires zur Welt gekommen, wollte als Pirat die Sieben Meere erobern oder, etwas bescheidener später, als Kapitän den Amazonas befahren oder, das dann aber unwiderruflich, Musiker werden, und wenn Musiker, dann Cellist. Seine Mutter hatte so eine Figur, die gleichen Hüften wie ein Cello, sagte Pini sen. gern, wenn er auf den (in seiner Familientradition ungewöhnlichen) Beruf seines Sohnes angesprochen wurde.

Ganz anders Hakan Muzzarettu, halb Italiener (väterlicherseits), halb zypriotischer Türke (mütterlicherseits), der nur einfach reich (und nicht wie Pini berühmt) werden wollte. Ihm genügten seine verläßliche Alles-oder-nichts-Mentalität und Grundkenntnisse der Diplomatie, die ihm ein Mann beibrachte, den nicht so sehr das Geld selbst, sondern sein

Funktionieren faszinierte, die Macht seiner Magie, seine abstrakte Qualität, seine Bedeutung als Symbol, seine Energie; dieser Mann, ein gewisser Mr. Mills, war es auch, der ihn mit einflußreichen Finanziers zusammenbrachte.

Bevor der Kriegsminister weiß, daß es Krieg geben wird, wissen es die Banken. Das war Muzzarettus liebste Redewendung, knapp gefolgt von der Einsicht, daß das Geld auf der Straße liege. So schaffte er Platz für die Geschichte, mit der für ihn eines Tages – und für mich dann ja meine Pini-Jahre auch – alles begann.

Es war einmal eine kleine Schraube mit der Besonderheit eines doppelt geschnittenen Mutationsgewindes, die den Weg von ganz unten nach ganz oben zurücklegte, von der Wand von Muzzarettus damals noch ziemlich bescheidener Behausung in einem Londoner Vorort bis hinauf in die Konferenzzimmer der Rüstungsindustrie. Wie bitte, wie das? Muzzarettu war auf diese Geschichte selbst viel zu stolz, als daß er sie nicht jedem liebend gern hätte erzählen wollen. Ihnen sicher auch! Ich war einfach stinksauer, daß jedesmal, wenn dieser verdammte Vorortzug, und das im Dreiviertelstundentakt, zentimetergenau vor meinem Fenster vorbeidonnerte und die Wände wackelten, das Porträt meiner Mutter samt Rahmen und Nagel von der Wand fiel. Ich mußte mir also etwas einfallen lassen, oder? Pini nickte. Das Ding sollte halten, selbst wenn eine Bombe auf das Haus fiele, erklärte Muzzarettu. Das war, dachte Pini, zwar unmöglich, leuchtete aber ein. Ich liebe meine Mama und wollte, daß sie dort hängt, wo sie immer hing. Und ausziehen wollte ich nicht – und hätte es auch gar nicht bezahlen können. Nur ihr zuliebe – wie er ihr dann, nachdem seine Erfindung in einer Werkstatt hergestellt und zu Hause eine volle Woche lang gegen die Gewalt anstürmender Züge mit Erfolg getestet war, in einem Brief (mit erstaunlich vielen Rechtschreibfehlern übrigens) mitteilte – hatte er sich mit diesem Problem überhaupt befaßt und allerlei ausprobiert, bis er eben jenes besagte unerschütterliche, jede Vibration ignorierende, unüberwindliche Mutationsgewinde so weit entwickelt hatte, daß es hielt, was es versprach, und nicht wie einfache Nägel oder Schrauben mit Normgewinde einfach den Geist aufgab. Die Wände wackelten weiter, die ganze Wohnung, das ganze Haus wackelte, aber Mama, seine vergötterte Mama, die er so sehr vermißte, war in ihrem Rahmen an ihrem Platz endgültig in Sicherheit – und Mr. Mills (sein späterer 50 %-Partner) um eine Idee reicher; er legte die Schraube der Kriegsindustrie auf den Tisch, wo sie, wie sich herausstellte, gebraucht wurde. Und heute, strahlte Muzzarettu, steckt sie, und das stabil und unverrückbar, in jedem Flugzeug, jedem Panzer, jedem Geländewagen.

Die Banken, das ist ihr Geschäft, verkaufen Geld – er verschob es, noch ohne überhaupt welches zu besitzen. Allein seine Anwesenheit und sein Auftreten (als gelegentliches Mitbringsel von Mr. Mills) auf der Galopprennbahn, auf Empfängen, Opern- oder Konzertpremieren war gewinnbringend. Er perfektionierte seine Routine in der Kunst, wahrgenommen zu werden und, wenn er das Gespräch suchte, sich nicht abwimmeln oder vertrösten zu lassen. Er traf die Person, die zu treffen, wie er wußte, wichtig für ihn sein würde, mochte die auch noch so gut abgeschirmt sein oder sich noch so oft verleugnen lassen. Aus Rücksicht und Respekt vor dem Terminkalender seines Gegenübers kam er dann aber ohne Umschweife zur Sache, erklärte, was er vorhatte, und zauberte, wenn er es auf einen Kredit, ein Darlehen abgesehen hatte, immer auch gleich die dazu notwendigen Papiere aus der Tasche, Garantien, Sicherheiten in Form von Bürgschaften, Absichtserklärungen finanzstarker Partner. Jedenfalls kriege ich, was ich will, nicht sofort, nicht bar, aber ich kriege es, wie er seinem Freund versicherte.

Nur, ach, dieses Fräulein, diese Cathy, wie sie hieß, kriegte er nicht, nicht so, wie sein Vater ihm beigebracht hatte, wie man Frauen zu kriegen hatte.

Fräulein Cathy fragte sich, darum ging es, nun schon viel zu lange nur das eine: Hatte dieser halbe Türke nun eigentlich Geld oder nicht? – und war nach einem halben Jahr noch immer zu keinem Ergebnis gekommen. Einmal hatte sie ihn in einem Tanzcafé unter dem Tisch an den Hoden gepackt (sie war, wenn es darauf ankam, Linkshänderin!) und gesagt: So, und nun raus mit der Sprache, Muzzi, oder ich drück zu. Bist Du nun reich oder nicht? Sie drückte fester. Wie wär's mal endlich mit etwas Handfestem, einem kleinen Beweis? Sie sah, daß er beeindruckt war. Einer kleinen Atlantiküberquerung erster Klasse, zum Beispiel, und drüben nichts unter dem Waldorf-Astoria, das würde doch einiges klären?

Wenn er schon, und es sah ja ganz danach aus, kein Geld flüssig hatte, überlegte sie, war er wenigstens trotzdem reich? Wie lange sollte sie warten, wie lange noch?

Und was ging Muzzarettu in dieser äußerst delikaten Situation durch den Kopf? Entscheiden Sie! Hier ein paar Vorschläge. Klasse, dieses Temperament, die heirate ich? Oder: Mein Daddy hätte sie mir abgerissen und die Hunde damit gefüttert? Oder: Ob sie das bei Tony auch so macht? Oder, letzter Vorschlag: In der Türkei steht darauf die Todesstrafe?

Woher ich das alles weiß? Nun, Pini war, was seine frühen, etwas verbummelten Jahre betrifft, ein nützlicher Informant. Und die reinste Plaudertasche, sobald er ein Gläschen getrunken hatte. Und das gönnte er sich, wenn er, und das seit Jahren, mit Freunden, dem Besitzer einer Molkerei am Klavier, einem Düngemittelfabrikanten an der ersten, einem Bibliothekar an der zweiten Geige und an der Bratsche ein Professor der Kunstgeschichte, privat und nur so zum Vergnügen musizierte. Eine Männerrunde. Und die war natürlich verblüfft und sehr, sehr neugierig, als er mich zum ersten Mal anschleppte. Pini hat das Mara? Tatsächlich, er hat es. Wie ist das denn passiert? Und hat nie ein Wort fallenlassen! Da war er ihnen mehr schuldig als nur ein paar beiläufige Bemerkungen, denn was dann *The Times* (ohne die Summe zu nennen) über den spektakulären Ankauf geschrieben hatte, war zwar eine Nachricht, aber nicht die ganze Geschichte, schon gar nicht ihre Pointe. Die Freunde konnten sich ja ausrechnen, was ich wert war – und was Pini verdiente! Also, raus mit der Sprache!

Daß ein junges, ungezogenes und offenbar wenig liebenswertes Ding, nicht viel mehr wahrscheinlich als die Allerweltsausgabe einer Nervensäge, die ganze Sache ins Rollen gebracht hatte, darüber wollten sie dann doch ausführlicher, und zwar Einzelheit für Einzelheit, informiert werden. Sie können sich vorstellen, daß eine Person wie dieses Fräulein Cathy mit ihrer doppelten Buchführung (ein Kerl für die Kunst, einer fürs Geld) ein Thema auch für gestandene Familienväter war, zumal nach der Anstrengung gemeinsamen Musizierens. Und Pini ließ sich nicht lumpen und gab sich alle Mühe, das ganze Drunter und Drüber von Liebeskummer, verletzter Eitelkeit und absichtlicher oder sorgloser Gemeinheiten so frontal, so wirkungsvoll wie möglich aufeinanderprallen zu lassen. Die Angelegenheit lag schließlich lange genug zurück. Jugenderinnerungen, eine Zeit, als sie alle über die Stränge geschlagen, Mädchen verführt, Gin in sich hineingeschüttet und noch genug Kondition gehabt hatten, sich die Nächte um die Ohren zu schlagen. Aber auch wenn Sie es mir vermutlich nicht abnehmen, ich verschweige ein paar der weniger harmlosen Details dieser *ménage à trois*, einfach weil wir hier keine Männerrunde sind (und Gabriella Maria Dolores schon, wie ich finde, genug Schaden angerichtet hat).

Muzzarettu, das jedenfalls war ihm neu, machte diese Affäre schwer zu schaffen, schwerer jedenfalls als Pini, der sich schließlich nur noch insofern einmischte, als er es als seine Pflicht ansah, den mehr und mehr gedemütigten und auch in seinem Stolz, seiner Ehre beschädigten Muzzarettu zu beschützen, was in der Regel so ablief, daß er ihm nachts, um vier, um fünf Uhr manchmal erst, wenn Muzzarettu deprimiert, weinend oft und unwiderruflich (wieder einmal) zum Bruch mit ihr entschlossen bei ihm auftauchte, geduldigst zuhörte – und ihm dann ins Gewissen redete.

So wurden sie, in diesen Stunden im Morgengrauen, Freunde. Und gaben sich die Hand und einander ihr Wort, die Geliebte aufzugeben, sofort, beide, gemeinsam – und sich unter keinen Umständen auf ihr Spiel oder mit ihr auf eine Aussprache darüber (getrennt oder gemeinsam) einzulassen.

Die nächste, Neuigkeit war dann, daß sie sich gutgelaunt in Begleitung eines Mannes zeigte – woraufhin Muzzarettu prompt Fieber und es dann mit dem Magen kriegte. Das vertrug er nicht, verlassen zu werden. Ihre Entscheidung, den Kampf einzustellen, empfand er als noch größere Bedrohung.

Vor allem verstand er nicht, wie schwach ein Mann sein

konnte, wie abhängig, wie zerstörbar. Er belagerte das Haus, in dem sie wohnte. Erschien sie, versteckte er sich. Oben ging das Licht an. Er sah ihren Schatten. Jedes Auto, das vorbeifuhr, konnte halten. Jeder junge Mann, der unten die Tür aufschloß, war verdächtig, zu ihr zu wollen. Aber ein Schwur war heilig, wie oft er auch bedauert haben mag, ihn Tony gegenüber abgelegt zu haben. Es dauerte Monate, bis er den Sinn seines Versprechens einsah und darüber endlich Erleichterung verspürte. Seitdem hatte er das Gefühl, Pini, sein Freund, der einzige, den er hatte, habe ihm das Leben gerettet – er sei ihm deshalb etwas schuldig.

Pini wollte davon nichts wissen, erzählte ihm aber trotzdem eines Nachts, eines Morgens besser gesagt, von dem Dilemma, aus der Routine eines angestellten Orchestermusikers ausgebrochen zu sein, um, solange er noch jung genug war, alles darauf ankommen zu lassen, sich als Solist durchzusetzen, nur leider verfüge er nicht (auch nur annähernd nicht) über die nötigen Geldmittel zum Ankauf eines adäquaten, konzerttüchtigen und, wie er sich ausdrückte, »kampferprobten« Cellos.

Und mehr Probleme hast Du nicht? lachte Muzzarettu. Und versprach: Das besorg ich Dir, das schaff ich.

Und war nicht mehr davon abzubringen, sein Versprechen zu halten.

Ich war frei und im Safe bei den Hills in London, was Pini wußte, weil er die einschlägigen Fachzeitschriften und Kataloge las oder sie zumindest regelmäßig durchblätterte.

Muzzarettu war erleichtert, endlich eine Aufgabe (und die richtige Antwort auf sein Scheitern bei Cathy) zu haben. Wenigstens das konnte er noch, Transaktionen zu tätigen in einem Bereich, in dem er ein unterschätzter Außenseiter war.

Zuerst belieh er einen Teil seiner Erbschaft – und verdreifachte dann das Kapital durch eine Pini – und wie erst mir natürlich – völlig unverständliche Strategie und kaufte mich.

So geschah es.

Ob die Postkarte in Pinis Cellokasten etwas mit dieser Geschichte zu tun hatte?

Pini blühte auf. Wie ihn das begeisterte, mich endlich spielen zu können! Und endlich zeigen zu können, wozu er als Virtuose in der Lage war – und mit jedem seiner Auftritte mehr bestaunt, bejubelt und auch entsprechend bezahlt zu werden. Tatsächlich, was wir zusammen an Geld verdienten, sehr bald Höchstgagen, konnte sich sehen lassen! Daß er als schwierig, als anspruchsvoll (und, was die Proben betraf, als pingelig) verschrieen war, galt plötzlich, unterwegs zum Ruhm, fast als Auszeichnung. Welche Ausnahmeerscheinung war das nicht? (Oder hielt man ihn für eine, weil er sich entsprechend benahm?)

Aber dann, die Hand an den Sternen, passierte das Unglück!

Ich erinnere mich, wie er eines Tages anfing, über Schmerzen zu klagen, wie er aber – wie in einem Kampf gegen sie – mit dem Üben verbissen weitermachte. Er kämpfte, wie es ihm entsprach. Und nicht nur das. Er erhöhte sein Arbeits- und Konzertpensum noch. Und nachts studierte er, weil er ja doch schlecht einschlafen konnte, Partituren, die er als nächste spielen wollte, schrieb merkwürdige, mit Ausrufezeichen überschüttete Briefe (»Wenn Kampf, dann Krieg!« etc.) und kritzelte nebenbei noch seine Tagebücher voll. Ich nehme an, er wußte, wie unvernünftig und ungesund das alles war, was er tat, hatte aber offenbar keine Lust, sich von Schmerzen das Tempo seiner Karriere vorschreiben zu lassen, nicht jetzt, wo er mächtig im Aufwind und unser Terminkalender voll war.

Pini ließ sich Spritzen geben, um überhaupt noch (halbwegs schmerzfrei) konzertieren zu können, was auch einigermaßen funktionierte. Die Schmerzen verschwanden. Er vergaß ganz, daß sie gezwungenermaßen nur schliefen, wenn er spielte. Doch nachts, sobald er im Bett lag, meldeten sie sich wieder, ziemlich rüpelhaft. Er setzte sich, schweißgebadet vor Angst und unter dem Druck aufsteigender Tränen, zur Wehr. War das nichts, ausverkaufte Säle, gute Kritiken, Einladungen zu Festivals? Mit einer Art benommener Heiterkeit rechnete er sich Heilungschancen aus durch die Kraftzufuhr eines optimistischen Galopps, den er seinen Gedanken verordnete. Er würde die Angreifer erwischen, wenn er nur endlich imstande wäre, seine Ungeduld zu bekämpfen und genügend beruhigende Gebete gen Himmel zu schicken – was ihm schwerfiel, weil er Gott, wie er wußte, mit diesem Theater, das er als Darsteller nur stümperhaft beherrschte, nicht würde umstimmen können. Er versuchte, sich seinen Arm graphisch vorzustellen, den Verlauf der Sehnen, der Adern, der Muskulatur – und mit der Sonde seines Atems hineinzustoßen in das beschädigte, entzündete Geflecht dieser Maschine – mit dem einzigen Ergebnis, daß ihm schwindlig dabei wurde.

Sich etwas vorzumachen, das sah er ein, konnte auf Dauer nicht gutgehen. Mit seiner Hand stimmte was nicht, mit dem Handgelenk, mit dem ganzen linken Arm. Die Sache zog sich, genau genommen, bereits bis in die Schultern, in beide Schultern, und saß, wenn er ehrlich war, auch schon im Kreuz, in der Wirbelsäule, in der gesamten Rückenmuskulatur, und das seit Wochen, seit Monaten. Aber er war nicht ehrlich. Niemand ist ehrlich, wenn er spürt, daß es ihm an den Kragen geht, mit sich nicht, nicht im Gespräch mit Freunden, mit Kollegen oder Konzertveranstaltern, schon gar nicht in Gegenwart eines Arztes, von dem der Kranke seit Menschengedenken weiter nichts erwartet, als daß er zum Messer greift und die Sache, schnipp, schnapp, wieder in Ordnung bringt. Wozu sonst gibt es Ärzte?

Oh mein Gott, dachte Pini, ausgerechnet jetzt, ausgerechnet ich. Ist es schlimm – oder schlimmer? Wie schlimm? So schlimm, wie ich befürchte?

Der Arzt, ein Dr. Plotkin, ein Neurologe, nahm sich Zeit, sogar sehr viel Zeit, ließ Pini reden, hörte zu, machte sich nur gelegentlich Notizen, nickte zustimmend oder schüttelte den Kopf, untersuchte seine Hand, summte, während er sie begutachtete, ein ziemlich mürrisch klingendes Hm vor sich hin und sagte nach einer Pause, tja, also ..., unterbrach seine Überlegungen, falls er nicht die ganze Zeit ohnehin an etwas anderes gedacht hatte, und schwieg erst einmal wieder. Sie haben Fehler gemacht, sagte er schließlich mit der gutmütigsten Stimme, und ... ich bin mir sicher, Sie wissen das auch.

Pini starrte seine Hand an, als bitte er sie, ihre närrischen Eigenwilligkeiten, ihre unnötig komplizierten Extratouren endlich und endgültig sein lassen zu wollen – und schloß und öffnete sie dabei so mechanisch, als probiere er die Funktionstüchtigkeit eines eben erst an sein Gelenk montierten künstlichen Apparates aus, bei dem man nicht sicher sein konnte, ob sein Erfinder nicht doch gepfuscht hatte. Sie verweigert den Dienst. Sie streikt. Das ist es, was ich weiß. Sagen Sie, Doktor ...

Aber Dr. Plotkin unterbrach ihn. Kennen Sie sich mit

Tieren aus? Mit Hunden? Hatten Sie mal einen? Was tut ein geprügelter Hund? Nun? Er verkriecht sich – oder beißt. Sie müssen Ihre Hand, Ihren Arm, Ihren Körper wie einen Hund geprügelt haben. Sie müssen ihn ziemlich rücksichtslos in eine Maschine, oder sollte man nicht besser sagen: in eine Zwangsfabrik?, verwandelt und jedes Versagen persönlich als Kränkung empfunden haben. Wohin sollte er sich verkriechen, wenn nicht in die Kapitulation, in die Krankheit?

Aus, dachte Pini, aus! Aus und vorbei, wie bei Sokolowskij, dem Russen, der in Nizza Selbstmord begangen hatte. (Daß der Selbstmord von dessen Familie dementiert und sein Ableben offiziell durch eine Lungenentzündung entschuldigt wurde, tut nichts zur Sache, zumal sein Agent dann eine dritte Version auftischte, die von der Verwechslung einer Tür mit einem Fenster ausging, was insofern schwer zu widerlegen war, als Sokolowskij tatsächlich zu Tode gestürzt war.)

Jeder, der ausfällt, ist einer weniger, dachte Pini ein wenig wehmütig und dachte an die, die auch so dachten. Jeder in der Familie, in dieser Bande seiner Kollegen und Konkurrenten, dachte so. So war das. Krieg ist Krieg. Wer abtritt, wird ersetzt. Wer fällt, gestoßen. Wer liegenbleibt, vergessen. Wer Pech hat – nun ja, mein Lieber, tut mir leid, Pech gehabt.

Fehler? Was für Fehler, Doktor? Was meinen Sie?

Nun, erst einmal kommen Sie reichlich spät zu mir. Das war unklug und macht eine Heilung schwieriger. Das ist das eine. Er machte wieder eine seiner Pausen; sie waren seine Spezialität, Kunstwerke der Konzentration. Er saß da, bewegungslos, und tat nichts, gar nichts, nicht sich in seinem Stuhl auf- oder umsetzen, nicht die Brille abnehmen (er sah auch ohne sehr gut), nicht seine Fingernägel begutachten; er rauchte nicht, das fiel auch flach, er wollte niemand einschüchtern oder beeindrucken oder strafen – oder was man mit Pausen noch so alles anstellen kann! Er war nur einfach still, entspannt und in Gedanken, und schaffte es auch noch, daß man von dem Kerl in diesem Zustand fasziniert war. Nicht umsonst hatte er den Spitznamen Mr. Natural weg, Herr Natürlich.

Lerne leben von Blumen. Das war in etwa seine Philosophie. Hüte Dich vor Übertreibung, vor der Schmeichelei unverdienter Talente, den Krankheitserregern, die da heißen: Eitelkeit, Egoismus, Anmaßung. Beherrsche Dein Begehren. Begehre das Natürliche. Just do what you do naturally. Es gibt keine richtige Art, das Falsche zu tun. Damit war er achtzig geworden und gesund geblieben. Er praktizierte immer noch. Wenn wir operieren, teilte er mit, könnte es sein, daß etwas zurückbleibt.

Pini saß da wie festgefroren. Sie meinen ...

Könnte, muß nicht, das kann ich im Moment so genau noch nicht sagen, aber das besprechen wir später. Nein, sagte Dr. Natürlich, ich will zuerst über etwas anderes mit Ihnen sprechen, etwas sehr Privates, was Sie mir verzeihen wollen. Aber besser ist, ich rede offen und ... vernünftig.

Schießen Sie los, Doktor, nur zu. Reden Sie! Da Pini die Angst vor der Nachricht, daß ihm auf Dauer überhaupt nicht mehr zu helfen sei, erst einmal genommen war, war er selbst neugierig.

Sie unterrichten doch auch, nicht wahr? Sie haben Schüler?

Ja! Ich unterrichte! Das ist etwas, was ich sogar ausgesprochen gern tue.

Und was unterrichten Sie?

Pini verstand nicht. Er war Cellist, also unterrichtete er

seine Schüler auf dem Cello, wie man das macht, Cello zu spielen, und wie man es gut macht, wie man es besser macht, physisch, musikalisch, metaphysisch.

Bringen Sie Ihren Schülern auch bei, daß nur der Gesunde sich natürlich verhält und nur die natürliche Bewegung sie davor schützt, krank zu werden? Anders gefragt, Mr. Pini, sorgen Sie als Pädagoge dafür, Musiker aus ihnen zu machen und nicht Anwärter auf Bandscheibenvorfälle? Sie verstehen, was ich meine?

Pini fühlte sich nach acht Jahren Abstinenz wie ein Nichtraucher, der drauf und dran ist, rückfällig zu werden.

Man kann eine Weile Glück haben. Der Körper verzeiht einiges. Aber am Ende rächt er sich, er kann nicht anders. Der Körper ist unschuldig, der Kopf ist der Schurke, er ist es, der die Krankheit produziert. Was wir Ärzte »falsches Denken« nennen, wird ja in der Welt draußen nicht gerade sehr ernst genommen. Sagen wir also konkret: hochmütige Gedanken, die dann zu Entscheidungen führen, die auf einem Grundirrtum beruhen, und des weiteren, wie in Ihrem Fall, zu Bewegungen verführen, die nicht stimmen. Sie haben sich, muß ich annehmen, aufgeführt wie ein Eroberer, nicht wie ein Liebender. Sie spielten die Heldenrolle des Akrobaten, den Musiker in der Manege. Sie haben Zähne gezeigt, Ihre Pranke, nicht Ihr Herz. Die Übermüdung Ihres gesamten Bewegungsapparates hängt ganz ursächlich genau damit zusammen. Wir spielen ja immer auf zwei Instrumenten gleichzeitig, einem Cello und einem Körper. Das Cello haben Sie gekauft, mit Ihrem Körper aber wurden Sie geboren. Sie wurden geboren mit der Liebe zur Musik, haben aber die Idylle in ein Schlachtfeld verwandelt. Warum? Das herauszufinden wäre meine Pflicht, vor allem aber die Ihre. Sehen Sie (Pause, er hörte dem Gesang einer Amsel zu), es ist eine Sache, Musik zu machen, weil man die Musik liebt und es gut kann, besser, viel besser als die meisten, eine andere, als Musiker an die Spitze zu kommen, am besten eine Weltberühmtheit werden zu wollen. Sagen Sie Ihren Schülern das? Reden Sie mit ihnen darüber? Helfen Sie den jungen Menschen, von einem Schicksal verschont zu bleiben, das jeden ereilt, der sich einer Selbsttäuschung hingibt, um nicht gleich zu sagen, sich dazu selbst verurteilt? Was war Ihnen, wenn ich das fragen darf, als Sie anfingen, wichtiger, Musik oder Ruhm? Mir scheint, die Schmerzen, die Sie – zu spät womöglich, wer weiß – zu mir geführt haben, wissen die Antwort, wie ich überhaupt glaube, daß Sie in der Lage sind, sehr wohl zu verstehen, worauf ich hinauswill.

Pini mühte sich ab, die Nerven nicht zu verlieren. Talbot war, noch keine fünfunddreißig, an Aufputschmitteln krepiert. Ich werde wieder Kammermusik spielen, hatte auf der letzten Seite eines Briefes gestanden, der auf seinem Tisch gefunden wurde. Aber dieser kluge Mann hier hätte Talbot wahrscheinlich geraten, seine Karriere gegen die Eintrittskarte in einen Kirchenchor einzutauschen.

Den Gesichtsausdruck, mit dem Sie mich so sonderbar erstaunt und eigentlich verärgert, ziemlich verärgert sogar, anschauen, kenne ich von vielen meiner Patienten – er täuscht, auch bei Ihnen. Ich bin sicher, daß Sie mich im Gegenteil sehr gut verstehen, auch wenn, was ich sage, weh tut. Das sind Schmerzen, die heilen, die Ihre Seele reinigen. Sie haben die Probleme, die Sie haben, weil Ihr Selbstbewußtsein verletzt war. Der erste Schmerz traf nicht die Hand, sondern Ihr Bewußtsein! Es machte Sie krank im Kopf, die erträumte Karriere zu verpassen, von den Zweifeln abgesehen, die Sie hatten, und die auch weh tun, Zweifel, ob Sie nicht nur über das Können, sondern auch über die notwendige Anzahl intakter Nerven verfügen, nicht nur durchzustarten, sondern durchzuhalten.

Was mir gerade einfällt! Nur ganz schnell dazwischen, da Dr. Natürlich gerade mal wieder, der Amsel zuliebe, pausiert. Sie kennen Mstislav Rostropowitsch, den russischen Cellisten, Slava, wie ihn die Welt, die sein Freund ist, nennt? Also. Rostropowitsch kommt nach einem Konzert zu einem Dinner und nimmt die Jubelrufe und die auch nur gehauchten Huldigungen entgegen. Dann zu Tisch. Kleine Tischrede des Gastgebers. Man ist sich einig. Slava, ruft er, Sie sind der Beste! Rostropowitsch ist sich auch einig. Er hebt das Glas. Ich, der Beste? Ich bin der einzige!

Ich weiß nicht, wer an der Verwandlung eines Traums in ein Trauma alles beteiligt ist, die Mutter, der Vater, die Verwandten, die Tanten und Onkel? Es ist ja meistens die halbe Verwandtschaft, die sich einbildet, an der Produktion eines Wunderkindes beteiligt gewesen zu sein. Was mit Ihrem Körper passierte, ist dann die Folge. Lassen Sie es mich noch anders und folgendermaßen formulieren. Sie haben vergessen, sich vor der Musik zu verbeugen, statt dessen haben Sie sich vor dem Publikum verbeugt, vor dem Applaus. Es war Ihnen die Gunst der Stunde, das nächste berühmte Orchester, der nächste noch berühmtere Dirigent, die internationale Presse, die Sonderklauseln Ihrer Verträge wichtiger als die Musik, als die Wahrheit dieser Musik. Das entfesselte Applaudieren war in Ihren Ohren die wichtigere Musik …

Soll ich ihm sagen, dachte Pini, was es war, was ich wirklich wollte? Was mir noch wichtiger war als Musik und Applaus zusammengenommen? Daß mein Ziel war, eine noch größere Wirkung zu erzielen als die, die ein Publikum in lärmende Begeisterung versetzt? Soll ich sagen, wie ich davon träumte, mein Publikum so sehr, so tief, so endgültig zu beeindrucken, daß es ganz und gar unfähig wäre, überhaupt zu klatschen? Ich wollte die Menschen in Trance versetzen, in heilige Erstarrung, in völlige Abwesenheit. Spritztouren ins Virtuose, warum nicht? Dieses immer irgendwie unbesorgt anwesende Publikum sollte gelähmt sein. Es müßte ihm die Schwerkraft genommen und eine Art Sterben zum Geschenk gemacht werden. Keine Hand dürfte sich rühren, kein Atmen stören. Ich selbst, unsichtbar, bliebe im leeren Saal zurück.

Was ist das da? unterbrach Dr. Natürlich den langsamen Fluß seiner Gedanken und deutete auf einige unterschiedlich stark gerötete Punkte auf Pinis Arm.

Ach nichts, sagte Pini schlechtgelaunt, Punkte. Ein Chinese, ein alter Kollege von mir, mit dem ich lange am gleichen Pult gesessen habe, hat mir geraten, Nadeln setzen zu lassen. Und ich, ich Idiot ... Aber lassen wir das.

Nur am Arm?

Nein, ich sah von oben bis unten aus wie ein Igel.

Und? Keine Besserung?

Fehlanzeige, total. Was ich aber eigentlich hätte wissen müssen. Er war schon als Musiker keine Leuchte. Aber daß er als Chinese noch weniger taugt?

Die Idee ist an sich nicht falsch. Konnte er es nicht?

Ich konnte danach drei Wochen lang nicht mal mehr eine Gabel halten.

Das ist ekelhaft. Zum ersten Mal zeigte Dr. Natürlich Mitgefühl. Offenbar war er einer, und das sah man ihm auch an, der Wert darauf legte, daß es schmeckt, wenn der Mensch ißt.

Die Amsel hatte sich inzwischen einen anderen Baum anderswo gesucht, weit weg.

Man sollte es nicht glauben, sagte Dr. Natürlich, als er ihr Verschwinden bemerkt hatte, aber Vögel um das Vergnügen zu beneiden, fliegen zu können, nur weil wir es *nicht* können, ist menschlich zwar verständlich, aber die ganze gefiederte Wahrheit ist es nicht. Nicht nur auf dem Konzertpodium ist, wie ich erst neulich durch einen Leserbrief in einem Fachblatt für Vogelkundler erfahren habe, die Konkurrenz allgegenwärtig, sondern offenbar auch in den Bäumen, auf Dachgiebeln und Schornsteinen oder den steinernen Locken berühmter Dichterstatuen. Da wollen doch Wissenschaftler tatsächlich herausgefunden haben, daß die Weibchen nur den besten Sänger ranlassen. Er schien sich das vorstellen zu wollen, auf jedem Ast ein gefiedertes Mannsbild, ganz schlank vor Erregung, den Schnabel gen Himmel gerichtet, wo gerade Madame in der Baumkrone Platz genommen hat, um sich unter den Anwärtern um ihre Gunst umzuhören. Sehen Sie, wie ahnungslos wir sind, wenn wir von einem Buch aufschauen, aufstehen, das Fenster öffnen, um dem Gesang unserer Freunde da draußen besser lauschen zu können. Seit ich die Meldung gelesen habe, ist mir ein wenig der Spaß vergangen, meine unschuldige Freude am Frühling.

Seine Augen suchten seinen Schreibtisch ab. In diesem Durcheinander hier muß irgendwo ein Stück Papier rumliegen. (Gut gesagt bei den Stößen von Zeitungen und Zetteln, die Pini ausmachte!) Ich hab mir da nämlich neulich was aufgeschrieben. Ach was, entschied er, es fällt mir sicher auch so wieder ein. Moment. (Pause, die erste, die keine Hintergedanken hatte!) Ja! Das Beste, was ein alter Mann tun kann, ist, Tee aus einer leeren Schale zu trinken.

Pini, der nichts übrig hatte für Aphorismen, auch für die aus China nicht, nickte lustlos.

Nun gut, sagte Dr. Natürlich, lassen wir das. Wer kennt sich mit der Wollust wählerischer Weibchen schon aus. Zurück zu Ihnen also.

Wenn er sich nicht täuschte – und warum sollte er das? –, entdeckte er an seinem Patienten erste Anzeichen eines verlegenen Eingeständnisses, sich zu schämen – was, wie er fand, für ihn sprach. Ein fallendes Blatt spaltet den Stein, also doch.

Alles, was das Selbstbewußtsein eines Menschen, erst recht eines Menschen mit Ihrer Begabung, verletzt oder auch nur verstört, wird zur Seite geschoben. Was stört, wird bekämpft. Ihr ganz persönliches Abhärtungsprogramm! Aber möglicherweise haben Sie selbst gleichzeitig immer schon etwas anderes ebenfalls empfunden, ja gewußt, ganz innen, tief, tief innen – verzeihen Sie, wenn ich das so altmodisch ausdrücke –, daß Sie nämlich bei aller Hochbegabung, mit der Sie die Welt vom Podium herunter zu verblüffen verstanden, nie mehr gewesen sind als ein Provisorium, zusammengehalten nur durch den unbändigen Willen, sich zu behaupten und durchzusetzen. Ihr Einzigartigkeitsbewußtsein war der Fangstrick, der Ihnen zum Verhängnis wurde. Kennen Sie diese Verszeile von Goethe, die von Demut spricht und, wenn Sie so wollen, auch vom heiligen Sinn der Musik und, ob Sie's glauben oder nicht, auch von Ihnen und Ihrem Cello?

Geheim Gefäß! Orakelsprüche spendend
Wie bin ich werth dich in der Hand zu halten?

Er wartete eine Reaktion ab.

Pini dachte nicht daran, sich zu äußern. Die Hand tat ihm weh, der Arm, der ganze Rücken – deshalb saß er schließlich ja hier, und die Zeit verging.

Dichter waren für Sie wahrscheinlich nie eine ernst zu nehmende Informationsquelle, nehme ich an. Was schade ist! Ich dachte, Musiker hätten mehr noch als andere Menschen ein Gefühl für die Tonart von Poesie. Vertragen Sie noch eine Kostprobe?

Nein, ich glaube nicht.

Ich weiß selbst nicht, wer dieser Issa ist, dem man die Worte zuschreibt, aber er hätte auch Ihnen was zu sagen gehabt. Auch nur so ein Vers, ein Verschen, ein kleiner Spruch nur, aber was für einer.

O Schnecke,
erklettere den Fudschijama,
aber langsam, langsam.

Er hatte diese Zeile nicht einfach nur zitiert, er hatte sie gesungen – und danach, klar doch, eine seiner eindrucksvollen Pausen eingelegt. Na? Immer noch nichts übrig für Gedichte?

Langsam, langsam, dachte Pini, komm mir nicht damit, den Lehrer zu spielen, das konnte ich schon damals nicht ausstehen, als ich noch kurze Hosen anhatte und mein Vater Schulgeld zahlte, daß ich dieses Zeug auswendig lernen mußte.

Sie antworten mir jetzt sicher, daß der Fudschijama Sie nicht interessiert und daß Schnecken zertreten werden, weil sie nicht vom Fleck kommen, daß hingegen Sie dafür gelebt haben, den Spiegel zu zerschlagen, hinter dem die Musik erst ihr wahres Gesicht zeigt; und daß Sie deshalb wie ein Berserker geübt und geübt und sich angestrengt und geschunden haben. Sie werden mir beweisen wollen, wenn Ihr Zustand nicht schon Beweis genug ist, daß Sie bereit waren, die Erde umzugraben nach Erkenntnis. Und daß jede Rücksicht auf die Gesundheit eine Sache ist, die nicht zählt und für jeden ernsthaften Künstler zweitrangig sein muß. Und daß ich keine Ahnung habe, ahnungslos, wie ich von Gesundheit, Natürlichkeit und natürlicher Bewegung daherrede in einem Zusammenhang, der von Triebkräften beherrscht wird, die – wie guter Käse sein spezifisches Aroma erst im Zustand der Fäulnis entfaltet. Ich nehme an, Sie halten mich für altmodisch, wenn nicht gar für einen Dummkopf, dem der Unterschied nicht einleuchten will zwischen einem Hochleistungssport und einem Hobby. Nun gut, nur frage ich mich dann ...

Pini hatte genug gehört, war aufgestanden und gegangen.

Von da an habe ich ihn leiden sehen. Er spielte wieder Tonleitern, alle langsam, langsam, suchte herum auf dem Griffbrett, als suche er einen neuen, natürlichen Zugang zu einem Anfang, einem Bogenstrich, einem glissando, zum Gefühl für die Fleischfarben seines Klangs.

Die Strafpredigt muß ihm zugesetzt haben, mehr offenbar, als er das zugeben konnte. Er, eine Maschine, unfähig, sie richtig zu bedienen, unfähig, sie zu verschrotten? Fehlerhafte Benutzung dieser Maschine führt zu endlosem Schmerz und Irrtum, hatte Dr. Natürlich behauptet. War das das letzte Wort?

Poverino Pini! Nun war er nur noch ein Häufchen Elend, ein zerbrochenes Mosaik, ein Gefangener seiner Schwermut.

Er hatte die Kunst des Cellospiels beherrscht, aber die

Kunst der Bewegung nicht begriffen. Er hatte gespielt, sich aber nicht spielend bewegt, sondern das Schauspiel einer Selbstgeißelung geboten. Es hatte imponierend ausgesehen, wie er gekämpft, geschwitzt, sich geradezu athletisch vergeudet hatte. Er war angetreten, es allen zu zeigen, hatte sein Privatleben, seinen schwierigen Magen, sein Lampenfieber ignoriert. Er hatte sich unnahbar und überheblich verhalten, sich mit Dirigenten angelegt, wenn sie nicht bereit waren, seiner unberechenbaren Spiellust zu folgen, seinen spontanen Eingebungen, was seine Tempi betraf, seinen dann schon berüchtigten, von seinem Publikum geradezu erwarteten Verlangsamungen oder Beschleunigungen. Unterlief ihm ein Fehler, nur eine kleine Ungenauigkeit, ein unreiner Ton, heraufbeschworen durch einen falsch angesetzten Fingersatz, ein nicht genug durchsichtiges Flageolett, ein spiccato, das nicht flüssig genug federte, nahm er, ohne es selbst zu wollen, Geschwindigkeit auf, trieb vorwärts, wurde lauter. Er spielte plötzlich auch an Stellen unangemessen und provozierend virtuos, wo es mit leichter Hand getan – und gut und richtig getan – gewesen wäre.

Er fing mit dem Rauchen wieder an, aß kaum noch richtig, und Lust auf Gesellschaft hatte er auch keine mehr, nicht einmal darauf, sich mit der Clique seiner Hausmusikfreunde zu treffen. Wenn er nicht deprimiert auf dem (oder den ganzen Tag gleich ganz im) Bett lag und einfach nur gegen die Decke starrte oder durch die Wohnung lief, ohne zu wissen, was er eigentlich vorhatte, ging er in Apotheken, kaufte Salben gegen Zerrungen, Tinkturen gegen Entzündungen, Kamillenblüten, Mullbinden, Bandagen. Er ließ sich verschreiben, was auf dem Markt war. Er rieb Pferdewaschwasser in die Haut, legte Wickel mit Moorschlamm an, ließ sich von einem Masseur durchkneten.

Mich jedenfalls ließ er erst einmal in Ruhe.

Er ging spazieren – und dabei in Gedanken die Fälle durch, die ihm einfielen, die lange Liste ihm bekannter trauriger, tragischer, tragikomischer und tödlicher Schicksale. Sirin, der Russe, dem während eines Sommerurlaubs in Vermont ausgerechnet bei der Reparatur seines Schmetterlingsnetzes das Malheur passiert war, sich den Zeigefinger so dumm zu verletzen, daß die Fingerkuppe gelähmt blieb, Navarro, der hoch gehandelte Mexikaner, der während einer Geburtstagsparty – bei einer als heitere Einlage gedachten kleinen Kostprobe, die ihm sein zehnjähriger Sohn in Sachen Jiu-Jitsu angedeihen lassen wollte – so unglücklich auf der Schulter gelandet war, daß er eine gerade begonnene Tournee absagen mußte (und dann noch lange, sehr lange unter Phantomschmerzen litt und sogar eine Zeitlang regelrecht als geistesgestört galt und danach jedenfalls nie mehr so gut war wie vorher), White, der Amerikaner, der wegen einer Nagelbettvereiterung und einer (wahrscheinlich durch verschmutzte Saiten verursachten) Blutvergiftung im Gefolge die Segel hatte streichen müssen, Polojachtof, der Kasache aus St. Petersburg, der die Schlacht gegen alles Mittelmäßige doch so grandios gewonnen hatte, am Gipfel, bei der Eroberung der Musik selbst (dessen, was sie in ihrer Kühnheit darstellt), dann doch gescheitert war, und an was? – an einer durch die Strapazen des Aufstiegs verursachten Überbelastung des Handgelenks, die er selbstverständlich auch erst einmal, und sehr zu seinem Schaden, ignoriert hatte. An das erst kürzlich publik gewordene Drama um das unglückliche junge Ding, das sich kopfüber, den Abschiedsbrief noch in Händen, in Wien vom Dach ihrer Musikhochschule gestürzt hatte, weil ihr die Finger (auch nach zwei Eingriffen kurz hintereinander) nicht mehr wie gewohnt gehorchten, wollte er gar nicht denken.

Das mußte sich eines Tages rächen, dieses jahrelange, ach was, dieses jahrzehntelange Verschludern der Haltung, das unruhige, aufgeregte Atmen, was, wie Dr. Natürlich ihm erklärt hatte, die Sauerstoffverhältnisse in seinem Blut ruinierte, seine offenbar gefährlich falsche Technik, dazu sein rigoroses Training, die Ausdauer, die er sich abverlangt und die er noch dazu über jedes vernünftige Maß hinaus ausgebeutet hatte, indem er (also er auch!) aufputschende Mittel zu sich nahm, die ganze (und letzten Endes vielleicht vergebliche) Schwerarbeit eines Musikers, den Ideen der Vollkommenheit zu dienen – was der Arzt ja offenbar bezweifelte, weil er ihm ganz andere Motive unterstellte.

Am liebsten wäre er, so wie er war, selbst in seinen Arm gekrochen, um die Situation unter vier Augen zu besprechen. Die Konferenz eines Chefs (des Cellisten) mit seinem Arbeitnehmer (seinem Arm). Gegenstand der Verhandlung: Streik eines Fingers, des dritten. Und das bei seinem Programm für dieses und das nächste und teilweise auch schon übernächste Jahr. Die Konzertsäle waren gebucht, Orchester und Dirigenten unter Vertrag. Und dann die Städte, die Adressen. Musikverein Wien. Concertgebouw Amsterdam. Salle Pleyel Paris. Großer Saal der St. Petersburger Philharmonie.

Natürlich war das nicht neu. Es hatte schon länger immer ein wenig da und dort weh getan, ein Ziehen, ein Zerren, eine Verspannung. Na ja, das war eben so und mußte so sein. Ein Spaziergang ist die Karriere eines Virtuosen von der ersten Minute an nicht. Und eigentlich fängt die Jagd nach Anerkennung, fangen die Mühen der Selbstbehauptung schon im

Kindergarten an. *Wer nicht leidet, der nichts leistet* – das stand auf einer Stickerei, die in der Volksschule in seinem Klassenzimmer an der Wand hing, und darüber hing, sinnigerweise, der Gekreuzigte. Später, auf dem Weg zum Konservatorium, mußte er jeden Morgen unter einem Torbogen hindurchgehen, in dessen Giebel Steinmetze die Verse des 126. Psalms gehauen hatten: *Die mit Thränen säen, werden mit Freuden aerndten.* Das dörrt dich entweder aus – oder stachelt dich an. Ich würde gern mal die Statistiken sehen, wie viele von allen, die beginnen, durchhalten oder aufgeben. Man liest das immer, daß die Kunst heilt, aber sie ist ein Ungeheuer – und der Kampf mit ihm kostet Kraft, verschleißt die Gesundheit, schlägt Wunden. Die Musikprofessoren waren die reinsten Sadisten, wenn es darum ging, die Honigtöpfe hoch zu hängen – allen voran ein allem Anschein nach höflicher älterer Herr, akademischer Lehrer am Londoner Konservatorium, Leiter einer Klasse für junge Cellisten: der unerbittliche, wegen seiner Einfälle aber allseits beliebte Prof. Hinton T. Starkie, Verfasser im übrigen einiger kleinerer Artikel über sein Lieblingsthema, grob gesprochen: Musik und Medizin, genauer gesagt: Musik und Krankheit, noch genauer (und in einem für Starkie typischen Tonfall formuliert): Für das Publikum mag Musik ein Vergnügen sein, für den Komponisten ist sie eine Katastrophe, für den Musiker ein Todesurteil! Vermintes Gelände. Sonnenuntergänge über Gräbern. Verhallende Detonationen. Er schrieb, wie er sprach, schweifte ab, ließ unterwegs Sätze verenden, schleuderte andere, besonders scharfkantige, gegen angesehene Kritiker, einflußreiche Musikverleger und andere Tyrannen des Musikbetriebs, lobte Verkanntes, verteidigte Verlachtes, beschimpfte die Dummheit eines Publikums, das bei Uraufführungen die Trillerpfeifen auspackt; er verschonte natürlich auch die, falls vorhanden, jeweiligen Ehefrauen der Komponisten nicht, deren nahe oder ferne Geliebten und sonstige Musen. Überhaupt klassifizierte er Frauen gern in Tonarten, auch die, mit denen er unter einem Dach lebte, seine Frau und die beiden (unmusikalischen) Töchter. Seine Frau, da hatte er Glück gehabt, war reines A-Dur, also so ziemlich das Beste, was einem Mann passieren kann. (Lassen Sie Ihre Phantasie spielen, oder legen Sie was in A-Dur auf den CD-Player, um herauszufinden, was er damit andeuten will.) Seine Töchter, die ältere h-Moll, inzwischen tonal eindeutig eingedunkelt (was war nur in sie gefahren, ihr nach dem Ende ihrer Ehe wiederaufgenommenes Studium der Physik ausgerechnet für einen verheirateten Mann, einen humorlosen Zahnarzt, aufzugeben?); die zweite, ein Nachzügler und noch voll in der Pubertät befindlich, Cis-Dur, was sonst. Aber das komponiert sich schon noch um mit den Jahren, wie er A-Dur tröstete.

Trafen sich, irgendwo auf der Welt und lange nach Starkies Ableben, zufällig zwei seiner Schüler, hatten sie nichts Besseres zu tun, als die Köpfe zusammenzustecken und auf ihren Professor und seine Tabelle der Tonarten zu sprechen zu kommen. Lange Erklärungen, was das Privatleben und die jeweiligen Lebenspartner (und die Begeisterung für sie) betraf, waren unnötig. Sie waren tabellarisch schnell porträtiert. Trotzdem blieb noch genug zu klären übrig. A-Dur und guter Sex, ging das? War mit c-Moll das Vergnügen nicht reichhaltiger? Ein Orgasmus à la H-Dur, unvergeßlicher als einer in h-Moll? Gut, eine verläßliche A-Dur-Ehefrau, warum nicht, aber die Geliebte? Cis, Dis, Fis? Mal angenommen, man hatte Pech gehabt und ein Cis-, Fis- oder DisDur-Eheleben (plus Kinder in ähnlicher Tonart) am Hals, wie machte man das, zur

Abwechslung eine Geliebte wenigstens in B-Dur zu finden? Nur, wie stabil war Dur auf die Dauer? Und wie zuträglich der Treue? War nicht jeder Dauerton, ob in der Ehe oder beim Seitensprung, in jedem Fall irgendwann zum Davonlaufen?

Bis sie alles durchgekaut hatten, war die halbe Nacht vorbei. Nur, was mit der anderen Hälfte anfangen, aufgekratzt, wie sie waren? Noch eine Flasche trinken? Sie zögerten. Beide spürten, wie sie plötzlich – ohne recht zu wissen, warum – ihrer Unterhaltung, den Witzen, Anspielungen und Gescheitheiten, die sie doch gerade noch so herrlich amüsiert hatten, überdrüssig waren, wie leer, wie enttäuscht sie waren über die Ausbeute ihrer mit kindischem Eifer betriebenen Erkundungen und immer ratloser und schweigsamer wurden – bereit, ganz die Tonart zu wechseln, das Land zu verlassen, den Kontinent, auf der Suche nach einem Leben, das noch nicht zu Ende erzählt war, in Erwartung von Frauen, die sie nicht kannten, äolischen, phrygischen, mesopotamischen Mädchen, die durch die Räume ihrer Müdigkeit gingen und die Musiker, die Hand noch am Glas, in den Schlaf sangen.

Auch Pini ist sein Lehrer unvergeßlich geblieben, und er hat immer wieder von ihm erzählt, ihn bei Gelegenheit sogar zitiert. Um sich im Leben, das den Frauen gehört, zurechtzufinden, ist – so Starkie – das absolute Gehör Voraussetzung. Nur, wer erfüllt die? Ich nicht, wie sich Pini eingestand.

Wer wagte, sich in einer Hochschule für Musik mit Alkoholismus zu befassen oder mit schlechtem bzw., wie in den meisten Fällen, mit fehlendem Sex? Musik und Masturbation! Geschlechtskrankheiten! Wie klingt Syphilis?

Starkie war ein Fall für sich (und stand ohnehin kurz vor seiner Pensionierung). Theorie, Kontrapunkt, kompositorische Struktur, musikalische Modulation, das war die eine Seite (sollen sich die Kollegen damit befassen!). Er ließ sich mit allem sprachlichen Aufwand, dessen er fähig war, im Unterricht lieber über das Nebensächliche aus. Er machte, was die Musikforscher, wenn sie schreiben, üblicherweise in Fußnoten ablagern, zum Text, zur Hauptsache. Er sprach über die Häuser und Wohnungen (und der Luft in ihnen), in denen Musik komponiert worden war, über Rezepturen, Gutachten von Ärzten und Apothekerrechnungen, den Einfluß eingenommener Medikamente auf die Gehirne, in denen es beim Komponieren gekocht und gebrodelt hatte, über die Korrespondenzen, die er als Belege hernahm vor allem für die Entstehungsgeschichte der Werke. Seinem Verständnis nach hieß das gleichzeitig: für die Sklaverei, die Abhängigkeit vom Geschmack der jeweiligen Epoche (oder des zahlenden Auftraggebers) – oder eben für den Fortschritt, der gerade in der Mißachtung aller Regeln und im Risiko bestand, die Treppe wieder runterzufallen. Was die Wissenschaft, an ihre Grenzen stoßend, als unwissenschaftlich verschmäht, als bestenfalls den Spieltrieb befriedigende Spekulation belächelt, genau das reizte Starkies Geist. Er hielt darüber Vorträge, und das so leidenschaftlich, daß über den Notenblättern immer auch die Schatten jener schaudernden Seelen sichtbar blieben, die, wie er behauptete, berufen sind, zu leiden. Dafür erfand er dann, wenn er Ergebnisse publizierte, Überschriften wie z. B. die: *Krankheit als Muse, ihr Kuß ein Verhängnis!* Sein neuester Artikel hatte den Titel: *Vom Nutzen der Indiskretion – ein offener Brief!* Seine Studenten verschlangen das Zeug zwar nicht sonderlich beeindruckt oder belehrt, aber immer mit Vergnügen.

Ein eigensinniger, geistreicher, seltsam produktiver Kopf,

da waren sich alle, die mit ihm zu tun hatten, einig; seltsam wie seine Kopfbedeckung. Im Innenboden seines Chapeau claque steckte nämlich ein Kärtchen, auf dem nur zwei Wörter standen. *Top secret*. Streng geheim. Sonst nichts. Was war das, ein Scherz? Eine Anspielung? Und wenn, worauf bezog sie sich? War er Mitglied einer *nonsense society*? Was war geheim? Eine Erklärung hatte Starkie stets abgelehnt.

Starkies Wissen war enzyklopädisch, seine Schlußfolgerungen, was die Geschichte der Musik betraf, radikal. Aber er beließ es nicht dabei. Sein beachtliches pantomimisches Talent verführte ihn hin und wieder zu aufsehenerregenden kleinen Auftritten, die besonders deshalb verblüfften, weil nie ganz klar war, wann er Musiker, wann Schauspieler, wann Professor, wann Privatperson war.

In der Verkleidung als Hugo Wolf, als der er sich einmal ausgab, wurde er einmal – er sang und dirigierte gerade die wirklich wunderschöne Kantilene für Cello aus seiner Komposition »Italienische Serenade« – von einer herbeigerufenen Polizeistreife gestellt und mitgenommen. Auf dem Revier spielte er zuerst noch ein Weilchen weiter den orientierungslosen, krampfgeschüttelten, an einer Gehirnerweichung im Endstadium leidenden Liedkomponisten, der, auf Befragen, seinen Beruf als den eines Wiener Staatsoperndirektors angab, bevor er sich allseits verbeugte und um Feuer für eine Zigarette bat.

Die Bobbys teilten nach Ende der Vorstellung (und Feststellung der Personalien, die ihn als Professor am Londoner Musikkonservatorium auswiesen, was natürlich prompt zu einer weitaus günstigeren Meinung über seinen Geisteszustand führte!) nicht seine Ansicht, sie schuldeten ihm Anerkennung, wenn nicht Applaus, sondern wollten lediglich wissen, was er sich denn bei all dem, was er da gerade geliefert hatte, gedacht habe.

Ach, sagte Starkie ruhig, ich will nur manchmal, was ich so alles über den einen oder anderen Komponisten in meinem Leben gelesen habe, selbst einmal erleben. Oder sagen wir so: Ich möchte, was ich nur weiß, endlich kennenlernen. Aber keine Angst, sein Selbstmordversuch steht heute nicht auf meinem Programm.

(Das machte ihm keiner nach, ein ganzes Polizeirevier zu privatisieren! Fehlte nur noch, daß er ihnen vorschlug, gewisse Symphonieorchester zu verhaften und ihre Dirigenten gleich mit, abgeführt in Handschellen.)

Die Bobbys waren sich nicht sicher, daß er, als sich Starkie mit quietschenden Gummisohlen empfahl, inzwischen wieder wußte, wer er war.

Seine Studenten (und manch einer seiner Kollegen) staunten – oder schüttelten auch nur den Kopf –, wenn er ihnen, als kleine, keineswegs aber komisch gemeinte Einlage, Chopins Hustenanfälle vorführte (als Kettenraucher war Starkie die Idealbesetzung!) oder sich, beim Bezahlen seines Mittagessens, Zeit ließ und Vivaldi nachahmte, den rothaarigen Priester, wie er ihn immer nannte, wie er die wenigen Wiener Groschen zählt, die ihm ein mühselig zustande gekommener Verkauf einiger ihm noch verbliebener Originalpartituren eingebracht hat, oder Schumann, Robert Schumann, wie er, auf Clara wartend, am Fenster sitzt (da saß Starkie auch gerade) und löffelweise Wein und Gelee zu sich nimmt. Tränen rannen ihm über die Wange, nur, wessen Wange war das jetzt, und wessen Tränen, seine oder die Schumanns?

Wer nicht leiden will, Herrschaften, verkündete Starkie, soll Tanzmusik spielen, auch gut, aber sich nicht in die Nähe großer Partituren wagen, die ja auch nie etwas anderes waren und sind als Zeugnisse unfaßbarer Leidensgeschichten. Gichtige Finger, Knochenfraß, innerer Brand, Blei im Blut, Umnachtungsanfälle, unerwiderte Liebe, luetisch bedingte progressive Paralyse, sagen wir ruhig: Syphilis, Trunksucht, Herzinfarkte, was Sie wollen, meine Herren, und alles, je nachdem, für Hammerklavier, Solo-Violine, für Streicher, für Pauken und Trompeten. Ein Jammer! Nehmen Sie her, wen Sie wollen. Der eine unsterblicher als der nächste. Bellini todkrank durch chronische Übererregtheit, Chopin Lungentuberkulose, was den Verdacht nahelegt, daß das Regentropfen-Prelude richtigerweise eigentlich Opiumtropfen-Prelude heißen müßte. (Schönberg, mein lieber Starkie, vertont seinen Herzinfarkt, 1946, Streichtrio op. 45.) Johann Sebastian Bach komponiert klingende Grabsteine ... er schaute seine Schüler an. Zum Beispiel wo?

Chaconne, fünfter Satz, Partita d-Moll für Solo-Violine.

Auch wenn er sich manchmal vertat, für die schnellsten Antworten war in der Klasse immer Trnkócny zuständig. Dieser junge dünne Mensch war eine Hochgeschwindigkeitsnatur, er dachte, reagierte und redete schneller als jeder andere Schüler (und das, obwohl er aus Österreich kam), und keiner hatte auch nur annähernd soviel Bücher gelesen wie er.

Richtig, Wiener, und warum Grabstein? Starkie konnte sich einfach nicht an den Namen seines Schülers gewöhnen (und noch weniger aussprechen) und nannte ihn, seit er mit einem Stipendium für ein Jahr aus Wien zu ihm nach London gekommen war, der Einfachheit halber Wiener.

Weil seine Frau gestorben war.

Unangenehm, nicht wahr, wenn wir mal davon ausgehen, daß er sie geliebt hat? Er war nicht da, als sie starb, Dienstreise mit dem Kurfürsten, und noch nicht zurück, als sie unter die Erde kam. Wissen Sie, wo er war?

In Karlsbad.

Über die Chaconne, die ganze Chaconne, auch wenn er sie der Geige geschenkt hat, werden wir uns noch unterhalten müssen, ausführlich, ein andermal, die ist nämlich kompositorisch hochinteressant, kann ich Ihnen versichern. Haben Sie eine Ahnung, Wiener, warum?

Er hat alles, was auf dem Stein stand, die ganzen Zahlen und Buchstaben, also ihre Geburts- und Todesdaten und die Buchstaben ihres Namens, als System der Komposition benutzt.

Welchen Verdacht legt das nahe, was glauben Sie? War er etwa nicht traurig, hat er nicht geweint, immerhin lagen da in dem Grab ja auch einige seiner Kinder?

Deren Daten und Namen hat er bei dieser Gelegenheit gleich auch noch in seinem System mitverarbeitet! Welchen Verdacht das nahelegt? Ich würde sagen, den, daß er ein Genie war.

Der Junge machte Starkie Spaß. Deshalb ging er mit ihm noch in eine letzte, allerletzte Ehrenrunde.

Smetana, Bedrich Smetana, war …?

Er war taub.

Na gut, das war Beethoven auch.

Smetana hatte einen Tinnitus, was heißt, daß er die ganze Zeit, auch beim Komponieren natürlich, einen bestimmten Ton hörte, einen einzigen, unangenehm scharfen, peinigend hohen Dauerton, der in seinem Ohr wohnte und ihn verrückt machte.

Ein viergestrichenes e, was man sich mal vorstellen muß, und den hat er, weil er ihn nicht loswurde …

... einfach mitkomponiert ...

Starkie suchte, fiel ihm ein, schon lange jemanden, der sein Archiv entrümpelte. War dieser Wiener dafür nicht wie geschaffen? Und vielleicht, wer weiß, hatte er eine Mutter oder, noch besser, eine Großmutter mit dem Rezept, wie man böhmische Knödel herstellt! Wie er die verschlungen hatte. Als ganz junger Musikstudent, der er damals bei seinem eigenen, leider einzigen Aufenthalt in Wien gewesen war, hatte er bei einem Bildhauer in Untermiete gewohnt und war Stammgast gewesen in einer einfachen altböhmischen Kneipe, die sie zu einem für ihn gerade noch erschwinglichen Preis auf der Speisekarte hatten. Böhmische Knödel! Dazu ein Urquell aus Pilsen vom Faß. Und Schuberts Sterbewohnung in der Kettenbrückengasse, so ist das in Wien, lag direkt um die Ecke.

... besonders deutlich im Finalsatz seines ersten Streichquartetts, wo er wie ein musikalischer Trugschluß klingt.

Mitkomponieren müssen, Wiener, müssen! Ob er wollte oder nicht.

Er erwähnt das ja selbst irgendwo, »diesen Wirbel im Gemüt eines Musikers, welcher das Gehör verloren hat«.

Armer Teufel, dieser Smetana, aber wenigstens ist ihm erspart geblieben, was dann dem armen Tschaikowskij widerfuhr. Komponierte seine Pathetique, und sich damit die Qualen seiner Verzweiflung von der Seele, weil er aus Rücksicht auf die Verhältnisse zwar verheiratet, aber knalldick andersherum und seelisch längst ein Wrack war, und dann läßt ihm sein Zar von Offizieren auch noch nahelegen, wenigstens seine Ehre wiederherzustellen; sie brachten die Giftampulle im übrigen höflicherweise gleich mit.

Starkie kramte nach einer Zigarette. Hab ich wen vergessen?

Dadada-dah, half Trnkócny aus.

Ach ja, stöhnte Starkie, dieser unterschätzteste aller großen Komponisten! Nein, keine Syphilis, ausnahmsweise einmal nicht, auch kein Wahnsinn, nicht der klinische wenigstens, aber ramponiert bis auf die Knochen. Ist Ihnen was aufgefallen?

Reagiert in cis-Moll auf den Selbstmordversuch seines Neffen Karl, auf seine Herz-Rhythmus-Störungen dagegen in B-Dur.

»Heiliger Dankgesang eines Genesenen an die Gottheit«; nur genutzt hat er ihm nichts. Und Euch nutzt es nichts, das nicht zu goutieren! Lest das Leben aus den Partituren, das Leiden, die Krämpfe, die Anfälle, das Unheilbare. Kümmert Euch nicht um das Unverstandene, kümmert Euch um das Unverstehbare! Und glaubt nicht, daß ein Grancino oder ein Montagnana...

Oder ein Stradivari, warf Pini nur deshalb dazwischen, weil er erstens wußte, daß sein Professor, was die Celli anging, andere Vorlieben hatte, und sich zweitens (schon damals!) absolut sicher war, eines Tages eines selbst zu spielen.

... oder ein Strad, von mir aus, falls Sie, Pini, mal das Glück haben sollten, eines in die Finger zu bekommen, die Arbeit für Sie erledigt. Die Finger müssen bluten, sagte Starkie und meinte es auch so.

Aber das hier ... wie hatte Dr. Natürlich das genannt, was er hatte, Karpaltunnel-Syndrom? War das die Schlange, die *ihn* gebissen hatte?

Pini hat keiner Menschenseele von diesem Besuch und seiner sich daran anschließenden so schweren persönlichen wie beruflichen Krise je erzählt, kein Sterbenswort. Es gibt auch keine Dokumente, auch nicht in Plotkins Nachlaß, die einen Carlos Antonio Pini in diesem Zusammenhang erwähnen. Für die Nachwelt hat dieses Zusammentreffen nie stattgefunden.

Er hat die Sache schließlich, ganz unpoetisch, durch eine Operation (in Zürich) in Ordnung bringen lassen, und allen, die sich Sorgen gemacht hatten, versichert, es sei alles halb so dramatisch, er habe nur einfach einmal eine Pause eingelegt, eine Kunstpause, und die auch nach den vielen Konzerten dringend nötig gehabt. Man muß ja schließlich, wie er sagte, auch mal nachdenken über das, was man so treibt.

Die Geduld, Gedichte zu lesen oder auch nur chinesische Zweizeiler, brachte er nach wie vor nicht auf, aber er liebte es jetzt, mehr und mehr Kammermusik zu spielen.

Ich war einverstanden, zumal Pini dafür tatsächlich eine natürliche Begabung besaß. Die Pause (wir, die wir es besser wissen, können ruhig sagen, sein Zwangsaufenthalt im Tal der Tränen) schien ihn erfrischt zu haben. Er brachte Musik nicht mehr nur zu Gehör, er hörte ihr zu, während er musizierte.

Tornquists Flitterwochen mit mir dauerten 24 Jahre. Nicht schlecht, nicht wahr? Und vielleicht, wer weiß, ist aus Tornquist und seiner letzten Liebe doch noch etwas Vernünftiges geworden.

Ich weiß nicht, für wen der drei Heiler er sich entschieden hat (und ob überhaupt), für den ehrwürdigen, ebenfalls in die Musik Haydns vernarrten Prof. Costa de Silva, was der Wunsch (der Befehl eher!) seiner Familie war, für den jungen, frisch als Freudianer ausgebildeten, aus Czernowitz gebürtigen Emigranten Erich Schlomo Sternberg, zu dem ihm ein jüdischer Kollege riet, oder, obwohl alle ihn warnten, für den indischen Guru Senor Gopalakrishna Jagannathan Srimivasaraghavan, der in Buenos Aires Stadtgespräch war und zu dem alles, was zur High-Society zählte, damals nur so pilgerte. Was glauben Sie?

Ich würde ihn in San Roque einsperren, und zwar gleich in der Intensivstation, donnerte einer seiner Onkel los. Der Kerl hat den Verstand verloren!

Findest Du? Raoul Tornquist nahm die Angelegenheit weit weniger tragisch als der Clan. Soweit ich weiß, hat sich mein Bruder weder in eine Hure verliebt noch sonst irgendwie danebenbenommen, noch hat er offenbar vor, sich von Gerüchten, die diese Frau betreffen, beeindrucken zu lassen. Ich gratuliere. Niemand kennt sie. Und wahrscheinlich kennt auch Carlos niemand, Du sicher am allerwenigsten. Und was die Intensivstation angeht, lieber Onkel, in die Du ihn einsperren lassen willst, nur soviel: Das Leben *ist* die Intensivstation! Wir sind schon drin. Wir sind Stammgäste.

Es wird ihn, wenn er so weitermacht, die Karriere kosten.

Ganz im Gegenteil, da kennst Du die Leute schlecht. Liest Du keine Zeitungen? Er schwimmt in Angeboten.

Was für eine Welt, stöhnte der Onkel, man sollte die ganze Welt einsperren.

Und Dir die Schlüssel in Verwahrung geben, was?

Wahrheit, Schönheit, Gefühl, Stil, was ist damit? Alles unwichtig? Alles alter Plunder?

Quatsch! Die Wahrheit ist, daß die Welt eine Brutstätte der Heuchelei ist, eine Schule des Hasses, der Verleumdung, der Bosheit. Wir werden von Ungeheuern regiert, von bigotten Verbrechern und einer öffentlichen Meinung, die die Lüge anbetet. Und mein Gefühl sagt mir, daß ich, wenn ich das behaupte, nicht einmal groß übertreibe. Laß also Carlos lieber in Ruhe, Onkel, ich bitte Dich. Am allerwenigsten hat *er* es verdient, von diesem Pack, diesen korrupten Sittenwächtern und selbstherrlichen Ehebrechern, die sie doch alle sind, wegen einer Affäre verurteilt zu werden, die nur ihn etwas angeht. Das nur, weil Du von Stil redest.

Nimm den Mund nicht so voll, mein Junge. Ein wenig Rücksicht auf die eigene Familie zu nehmen, ist das zuviel verlangt?

Ach, Scheiße. Auf was nehmt denn Ihr Rücksicht? War das sehr rücksichtsvoll – vom Stil, auf den Du so viel Wert legst, mal ganz abgesehen –, ihm auch noch den Unfall unserer Schwester in die Schuhe zu schieben, als sei Gabriella vom Pferd gefallen, nur weil die Geliebte ihres Bruders keine BHs trägt?

Sie ist nicht nur vom Pferd gefallen, sondern auf einem Auge erblindet seitdem.

Was sagte Gabriella selbst? Nicht viel, nur das: Er ist mein Bruder und ein wundervoller Cellist.

Tornquists alte Mutter, die schon lange nicht mehr in der Hauptstadt lebte, war, als ihr die Sache (in der üblichen Übertreibung) zu Ohren gekommen war, alles andere als überrascht. Ich weiß, von wem er das hat! Aber sie beherrschte sich, deutlicher zu werden, und bekreuzigte sich. Sie ging jetzt noch öfter zur Beichte. Für sie gehörte ihr Priester, mehr noch als ihr offenbar mißratener Schwachkopf von Sohn, längst zur Familie, weshalb ihm auch niemand übelnahm, daß er sich mit ein paar deutlichen Bemerkungen ebenfalls einmischte. Da waren wir, so sein Fazit, mit seinen flüchtigen Liebschaften besser bedient, weiß Gott.

Das hat man nun davon, daß man seine Kinder liebt, so sehr, daß man den Tag fürchtet, wo sie erwachsen werden.

Auf den Tag, fürchte ich, werden wir warten müssen.

Nun gut, dann warten wir eben.

Warten, hoffen und beten, sagte der Priester, wirkte dabei aber trotz seiner gefalteten Hände ein wenig hilflos.

Ach was, mein Freund, das hat bei ihm noch nie geholfen. Man sollte ihn in seinen Cellokasten einsperren und nach China verschicken.

Der Aufruhr in ihr war in vollem Gang. Als sie es sich gesundheitlich noch leisten konnte, hatte sie mit Fieber auf die Anstrengung reagiert, sich nichts anmerken lassen zu wollen. Sie spürte statt dessen nichts weiter als die Verhärtung ihrer Baucheingeweide. Wer ist sie? Wo kommt sie her? Ist sie verheiratet?

Darüber gibt es keine genauen Angaben, nur Gerüchte.

Wenn es Gerüchte um eine Frau gibt, hat sie was. Wenigstens glauben Männer das. Das ist so, leider – was immer das war, was sie angestellt hat.

Sie liest Romane, sagte der Priester. Und sie raucht.

Wenn sie raucht, soll sie zum Film gehen. Wie jung ist sie?

Die Zeitungen widersprechen sich. Ihre Freunde auch. Aber jung? Nein, das war einmal.

Nicht jung? Dann ist es ernst!

Sie wischte mit der Hand über den Spieltisch vor ihr und schloß für einen Moment die Augen. Geben Sie mir was zu trinken. In meinem Alter muß man aufpassen, daß man nicht austrocknet. Sie wartete, bis ihr der Priester ein Glas Wasser gereicht hatte. Ist sie eine von denen, die ... na, Sie wissen schon, die sich ihren Hintern vergolden lassen will?

Sie soll reich sein.

Das gefiel ihr noch weniger. Mein armer Carlos, stöhnte die Dreiundneunzigjährige. Wie sich alles wiederholt. Sie selbst war reich gewesen. Ihr Mann leitete eine Bank, aber sie gehörte ihm nicht – bis sie sie ihm kaufte. Und es war genau diese Bank, die das Geld dann auf den Tisch gelegt hatte, um dieses seltene, angeblich unbezahlbare Instrument, das er unbedingt haben wollte, zu ersteigern.

Sie hob ihren Kopf gen Himmel, sah die Kopie eines Himmels in der Kuppel, mit Wolken, die üblicherweise Regenwetter ankündigen, aber keine Offenbarung, und einer Mutter Gottes, die sie immer schon für eine Schandtat der Kirchenmalerei gehalten hat. Hat die Kirche das nötig, Pfuscher zu beschäftigen?

War es denn ausgeschlossen, daß Tornquist, mit seiner Erfahrung in Sachen Frauen, nicht vielleicht doch die richtige Wahl getroffen hatte? Die Frau war attraktiv, jeder sah das. Sie war vielleicht keine Dame, aber das, was Männer ein Vollweib nennen. Aber sie deshalb, wie der Clan das tat, als Provinzschönheit oder vulgäres Ungeheuer abzukanzeln?

Die Fragen blieben, die nach seiner geistigen Verfassung und der Beschaffenheit seines Entschlusses, als hochangesehener Mann (und Künstler von Rang) eine solche Verbindung einzugehen. War das gesund oder ungesund, unwürdig oder modern? Wo übrigens kam sie her? Hatte sie Absichten? Und was waren das für Geschichten, die die Runde machten? In welchem Land der Erde war erlaubt, daß eine Frau den Kellner auffordert, die Rechnung zu bringen – und sie begleicht?

Ihm für seinen Flirt (das gibt sich, das gibt sich!) allein sexuelle Motive zu unterstellen, lag nahe. Aber das war, ob richtig oder falsch, erst einmal nur der Neid, denn an einen Körper wie ihren Hand anlegen und mit ihm Spaß haben zu dürfen, dieses Exklusivrecht gönnte ihm so recht keiner, der Augen im Kopf hatte, auch wenn er Rücksichten zu nehmen hatte und deshalb einverstanden war, wenigstens ihre Aufmachung geschmacklos zu finden, ihre ausgefallenen Hüte, die Hemden, die sie sich beim Herrenschneider anfertigen ließ, die provozierend bunten, den Farbenreichtum eines Harlekinkostüms imitierenden Tücher, in die sie sich hüllte.

Es scherte Tornquist wenig, was alle dachten, schon gar nicht, wenn sie bei ihm war, ihn anschaute und dabei Rosenblätter zerkaute, wenn sie ihre Duelle gekämpft und überstanden hatten und beide nur noch müde und schläfrig und glücklich miteinander waren. Sie werden lernen, sich daran zu erinnern – oder sie werden nichts lernen. Da kann dann ein Haydn auch nicht helfen. Für jedes Liebespaar dieser Erde sieht es gleich schlecht aus, am Anfang jedenfalls.

Sie gab sich, müde wie sie war, geschlagen und verwandelte sich zweifach: in ein Wesen, das den Saum seines Kleides hebt, das aber – wie die ganze Statue – aus Stein ist, und in eine Frau, die schweigend, aber mit zärtlicher Aufmerksamkeit um Vergebung bittet.

So lag sie da, als warte sie auf die Erlaubnis, eines Tages nur noch eine Frau wie jede andere sein zu dürfen.

Das war der Augenblick, das schöne kleine Spiel, das sie so liebten, zu beginnen.

Der Bogen erregt die Saiten und bringt sie zum Schwingen ...

Der Bogen erregt die Saiten, wiederholte sie. Ja, mein Herr. Allein seine Stimme. Sie klang, als lese er aus einem Brief vor, den er ihr nie geschrieben hatte.

Weiter, nicht aufhören. Der Steg, die Schwingungen ...

Der Steg überträgt die Schwingungen mit dem Druck seiner Füße auf die Decke; die wiederum verstärkt und bereichert sie harmonisch, indem sie die Schwingungen ihrer Wölbung in horizontale Wellenbewegungen umformt.

... horizontale Wellenbewegungen umformt, wiederholte sie, was sich schon so entfernt anhörte, als treibe sie in einen Traum hinein, auf der Schaumkrone einer sonnenbeschienenen Welle. Nicht aufhören ...

Er wartete. Sie konnte das, gleichzeitig einschlafen und zuhören.

Schließlich federt der von ihnen angestoßene Boden mit schnellender Bewegung zurück und schickt den Klang nach außen. Von dem perfekten Zusammenspiel all dieser Bewegungen sowie ihrer Unmittelbarkeit und Dauer – also dem Ergebnis des Gleichgewichts wie der einheitlichen Beziehungen zwischen allen Teilen – kommt jener machtvolle, reine und unaussprechliche ...

Jetzt, jetzt war sie eingeschlafen.

Das perfekte Zusammenspiel all dieser Bewegungen, ihre Unmittelbarkeit, ihre Dauer ..., wiederholte Tornquist. Es war, was sie beide da rekapitulierten, nichts weiter als eine wortwörtlich zitierte lexikalische Beschreibung, warum ein Cello klingt.

Es war verrückt, wie er sie begehrte, wenn sie schlief.

Die Idee, sie zu verführen, gleich jetzt, ließ er trotzdem fallen. Das Kunststück, es zu tun, ohne sie dabei zu wecken, traute er sich nicht zu, noch nicht.

Erleichtert, ein wenig deprimiert, ansonsten aber gut erholt ging ich danach (in einer Kiste) an Bord und wieder in den Besitz eines – erraten! – Engländers über, eines gewissen

Mr. Murray Lee, eher ein Amateur, aber auch als solcher ein trostloser Fall. Mein Gedächtnis streikt, was ihn betrifft – was ich verstehen kann. Ich höre nichts, selbst wenn ich mich anstrenge, was entfernt mit Musik zu tun hat. Ich klang wie ein Hund, der Schmetterlingen nachkläfft.

1953 verstarb der Mann. Die Hills nahmen sich meiner an, wer auch sonst.

Den 9. Juli 1954 – ich war inzwischen, bei gleichbleibendem Lebendgewicht, millionenschwer – werde ich bis in alle Ewigkeit nicht vergessen und alles, was damit zusammenhängt, auch nicht, denn an diesem Tag wurde in London der Kaufvertrag aufgesetzt und unterschrieben, der mich zum Eigentum eines Maestro Amadeo Baldovino erklärte, eines Cellisten aus Italien, aus Rom, eines Musikers vor dem Herrn, kann ich Ihnen sagen, Kammermusikers vor allem, eines souveränen Instrumentalisten, der auch noch, wie sich herausstellte, glücklich verheiratet war. Ich erwähne das, weil ich genug hatte von den Flausen, das Geheimnis des Glücks lüften zu wollen, ohne sich entscheiden zu können, ob es nicht erfolgversprechender war, leiden zu wollen.

Schon das erste Probespielen in den Geschäftsräumen der Hills in der New Bond Street, als mein Verkauf noch gar nicht zu Ende verhandelt war, glich einer Wiedergeburt. Ein Italiener trifft einen Italiener, ein Musiker sein Instrument. Also, Verständigungsschwierigkeiten hatten wir keine.

Ich weiß nicht (und es geht mich auch nichts an), welche Bank das Geld an Hill dann bezahlte, aber bezahlt wurde – und ich verließ London wieder, verstaut in einem Hill-Cellokasten, in Begleitung Baldovinos.

In Rom wurde ich seinen Freunden und Kollegen vorgestellt, vor allem natürlich Dario de Rosa, einem Pianisten, und Renato Zanettovich, einem Geiger; alle beide exzellente Könner, ihr gemeinsames Musizieren von großer Noblesse, ihr Trio di Trieste, mit Baldovino am Cello, erstklassig, berühmt, umjubelt. Eine kleine, intelligente Einheit.

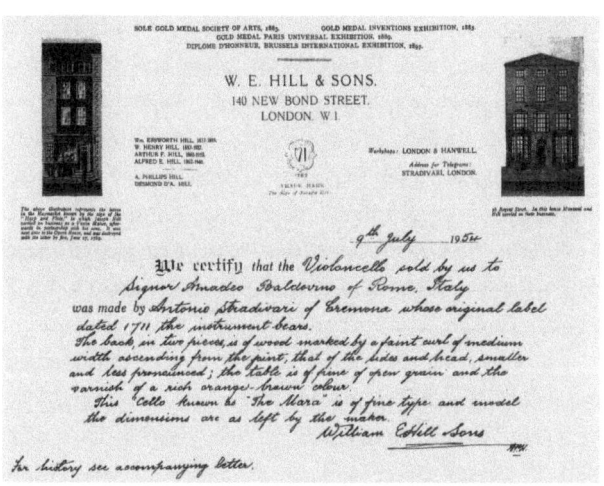

Zertifikat der Firma W. E. Hill & Sons, London 1954

Herrliche Zeiten, herrliche Reisen, herrliche Konzerte. Das Anstrengendste war, sich ausruhen zu müssen. Ich mußte zwar aufpassen, mich nicht jünger zu fühlen, als ich war, aber bleiben Sie mal ruhig und gelassen, wenn Ihnen der Himmel zu Füßen liegt. Wie macht man das, sich das gefallen und sich dann nicht fallen zu lassen?

Punkte, die Noten sind, mit einem Bogenstrich zu Klang verklärt! Ich habe Musiker erlebt, die in die Noten starrten wie in eine Baugrube. Und andere, die sie lasen wie Landkarten, Seekarten, Sternenkarten. Dabei geschieht es dann, unsere Träume gehen an Land, stechen in See, greifen in den Himmel. Es gibt jeden Abend, überall auf der Welt, Konzerte, die nichts bieten als gewaschene, gebügelte, schrankfertige Musik, Geraschel zwischen Bogen und Saite, kleinliches Schaben. Aber es gibt diese Abende der Offenbarung unerklärlich vollkommener Musik.

Es lohnt sich, Geduld zu haben. Baldovino hatte sie. Alle drei hatten sie. Keine Wunderkinder, keine Spätzünder. Und nichts war, wenn es gelang, Absicht. Gut, Baldovino war, bei jedem Tempo, griffsicher. Seine Doppelgriffe hatten flächige Gleichmäßigkeit. Mein Kompliment der Ruhe seiner Bogenführung. Aber er ging damit nicht jeden Abend angeben. Er warf nicht das Netz aus und wartete auf den großen Fang. Nur: wenn das Wunder geschah, hörte er es, hörte zu – und war glücklich.

Ich bin parteiisch, denken Sie? Ein Patriot? Sie glauben mir nicht? Verstehe, ich glaubte es selbst ja zuerst auch nicht. Pezze war schon was gewesen. Ich war verrückt nach dem Kerl. Und erst recht er nach mir, als unsere Liebesgeschichte begann, unsere närrische Lust zu brennen. Was tat Pezze? Erst einmal weiter nichts, als, sehr sanftmütig, die Glut verglimmen zu lassen, die Liebkosungen schlafen zu schicken, den Traum zu bitten, das Bett zu wechseln. Und dann kümmerte er sich um Tonleitern, schnelle Läufe, Präzision. Bach, immer wieder Bach, schon vor dem Frühstück. Logik und Ordnung, die ohne Anmaßung das Zentrum freisetzten für den Auftritt der Schönheit. Wir seufzen nicht viel, wir Italiener. Ein virtuoso schon gar nicht. Aber wir beten gern – und verwildern gern im Gebet, zugegeben.

Ich freute mich auf die Südamerika-Tournee, und wie – und ganz besonders auf das Konzert in Buenos Aires. Sofort, natürlich, fiel mir Tornquist wieder ein. Lebte er womöglich noch? Nein, ausgeschlossen. Er war ja schon sechzig damals. Allerdings, wenn er die Gesundheit seiner Mutter geerbt hatte? Wenn ich ehrlich bin, wüßte ich doch ganz gern, wie die Sache damals ausgegangen ist – und ob er die Schwarzhaarige verlassen, umgebracht oder doch geheiratet hat. Und wenn geheiratet, ob er mit ihr, wie sie das immer wollte, nach Havanna oder, wovon doch er immer träumte, nach Österreich ausgewandert ist?

Ein merkwürdiges Gefühl, jetzt weiterzuerzählen. So zu tun, als wisse man noch nicht, daß es in Buenos Aires, damals im Herbst, nie ein Konzert gegeben hat, statt dessen aber die oft kolportierte Katastrophe.

Bis Montevideo war alles gutgegangen, sehr gut sogar. Die Konzerte, durchweg alle erfreulicherweise, waren schon vor Antritt unserer Nord- und Südamerika-Tournee ausverkauft, unsere Auftritte den Zeitungen überall Schlagzeilen wert gewesen, angekündigt als lang erwartete musikalische wie auch, das auch, gesellschaftliche Höhepunkte. Die Stimmung meiner drei Musiker war also bestens. Die Impresarios, überall auf der Welt irgendwie immer die gleichen gehetzten, gereizten, pessimistischen Nörgler, die sich (vorsichtshalber wohl) bis zuletzt immer unzufrieden mit allem zeigen, strahlten über die Zahlen, die der zahlenden Besucher sowohl wie auch der schwarzen unterm Strich. In zwei Tagen, laut Tourneeplan, Flug von Montevideo nach Buenos Aires, eine Kleinigkeit. Von dort, zu einem ersten Konzert, weiter nach Rosario.

Aber denkste! Nichts lief nach Plan. Alle Flüge aus Montevideo hinaus gestrichen. Kein Flug, nirgendwohin. Die ganze Stadt, natürlich auch der Flughafen, in dichtem Nebel. Nichts zu machen, auch für uns nicht. Wir warteten seit sieben Uhr früh.

Der Nebel würde sich auflösen, hieß es, Geduld.

Dann hieß es, vielleicht löse sich der Nebel ja doch noch rechtzeitig auf. Warten Sie unsere nächste Durchsage ab.

De Rosa, wer sonst, kam auf den dummen Gedanken, philosophisch zu werden, was den Nebel und die dadurch erzwungenen Umstände betraf – was er spätestens dann bereute, als Zanettovich ihm mit dem Absatz eins auf die Hühneraugen gab; da aber war es bereits passiert.

Ich nehme an, dachte er laut nach, der liebe Gott will da oben nur einfach mal wieder seine Ruhe haben, keinen Lärm in den Ohren, keine Flugzeuge im Bart, kein Kerosin in der Nase. Zum Teufel mit dem ganzen Gestank. Er will, wie ich ihn kenne, seinen Himmel einfach mal für sich haben, für sich ganz allein. Verständlich, nicht? Also macht Er den Laden dicht. Nebel, Funkstille! Ist ihm doch egal! Was schert ihn ein kleines Klaviertrio?

Was war mit de Rosa los?

Das Leben ist gefährlich, wenn Gott schlafen will. Und Ruhestörer bestraft Er. Wer seine Nase in seinen Nebel steckt, kriegt was drauf.

In der Hoffnung, daß wenigstens Gott die Güte haben würde, ihm zuzuhören, ließen sie ihn reden. Es hat eben, sagten sich Zanettovich und Baldovino, jeder seine eigene Methode, eine Panne zu kommentieren.

Aber selbst wenn Er – nach seiner Siesta – die Sonne endlich, großzügig wie Italiener nun mal sind, wieder rausrückt und damit auch den Flugverkehr, auch unseren hier, wieder freigibt, ändert sich denn viel? Was war damit denn immer: Warum habe ich den Wecker nicht gehört und verschlafen? Warum fällt mir erst im Taxi unterwegs zum Flughafen auf, daß ich im Hotel den Paß liegengelassen habe? Ein dringender, das Auschecken verzögernder, sogenannter Anruf in letzter Minute ist auch nicht zu verachten. Taxi? Kein Taxi. Na gut, das ist fast schon Routine. Wenigstens kein Nebel! Im

Gegenteil, ein strahlend goldener Sonnenaufgang. Also, los geht's. Der Taxifahrer (endlich!), der gar nicht kapiert, daß es jemand so früh so eilig haben kann, wo doch die Sonne so schön scheint und der Tag doch gerade erst begonnen hat, fährt seelenruhig in einen Stau, Gelegenheit, sein Radio nach der richtigen Musik abzusuchen. Stau? Nichts geht mehr? Wann geht die Maschine? Der Mann am Steuer kennt das. Immer mit der Ruhe, gibt er zu bedenken. Wir stecken fest, wie immer auf Reisen, und das nur, weil mal wieder (wie in Toronto) ein Monstrum von Schwertransporter vor uns nicht recht vorwärts kommt oder vor einer Bank (wie in Mailand letztes Jahr) eine Schießerei stattfindet oder sonstwas (wo auch immer auf Erden) nicht ganz nach Plan läuft. Es gibt genug Länder, deren Improvisationskunst derart hoch entwickelt ist, daß da eine genaue Uhrzeit nur stören würde. Die brauchen auch keine Noten, um Musik zu machen, oft nicht einmal Instrumente. Ein Ölfaß, eine Knochenflöte. Da fliegen die Flugzeuge, wenn sie voll sind, und keine Minute früher. Nur wir, die mit Frack reisen, drehen durch und vielleicht ein paar Geschäftsleute. Reisen wir nicht selbst längst wie welche? Haben wir darüber nicht oft genug gestritten? (Und nun steuerte de Rosa zielstrebig auf seinen Fauxpas zu, ohne daß er das absichtlich getan und jetzt schon selbst gewußt hätte). Wer hätte uns auch beigebracht, in diesem Moment (dem im Stau!) an die Gnade eines Zufalls zu denken, an ein Geschenk, das nur die Vorsehung verteilt? Eine Katastrophe, wenn die Maschine weg ist? Und sie *ist* weg, garantiert.

Es unterbrach ihn die Durchsage, die alle Passagiere der Maschine nach Buenos Aires aufforderte, weiter Geduld zu haben und weitere Informationen abzuwarten.

Zum Glück war sie weg, wie sich herausstellt, denn, erinnere Dich, Renato, am nächsten Morgen, wir hatten alle drei kaum geschlafen vor lauter Ärger, hält uns der Kellner beim Frühstück die Schlagzeile einer druckfrischen Zeitung unter die Nase. Und was steht da? Schwarz auf weiß, groß, ganz groß? Flugzeugabsturz über den Azoren! Keine Überlebenden! Das war sie, das war unsere Maschine! Die, die wir verpaßt haben.

Das war der Moment, als Zanettovich de Rosas Hühnerauge traf – und Baldovino aufhörte, den Terminplan der Tournee durchzusehen.

Ginette war in dem Flugzeug gewesen, mitsamt ihrer Geige – einer meiner Schwestern, darf ich doch wohl hinzufügen. Vier Jahre später, wieder bei einem Absturz, traf es Jacques Thibaud, auch er mit einem Familienmitglied. Vier Tote (in meiner Rechnung), aber Baldovino dachte an Ginette Neveu, ihr Spiel, die vollkommene Konzentration beim Spielen, und ihr Gesicht dabei, das schöner und schöner wurde.

Nein, der Nebel löste sich nicht auf, auch bis Mittag nicht. Damit, so Baldovino, wurde es knapp.

Er verstand die Welt nicht mehr, das aber nicht zum ersten Mal, natürlich nicht. Immer, wenn ihm das Malheur passierte, nach dem Sinn seines Lebens zu fragen, reagierte sofort auch sein Körper, er kannte das. Die Muskulatur verspannte sich, er wußte auch genau die Stelle, wo sich der Schmerz zuerst bemerkbar machen würde. Was half denn? Händewaschen? Ach was. Autogenes Training? Davon hatte er gehört, es aber für Humbug gehalten. Sich mit den von seinem Physiotherapeuten verschriebenen isometrischen Übungen für die Muskulatur der Hand und des Unterarms ablenken oder, weniger anspruchsvoll, mit dem Feilen seiner Fingernägel?

Vom Nacken, wo er sein Quartier nahm, kroch der Schmerz fadenfein den Hals hinauf bis in die Schläfe. Dann tat ihm die ganze rechte Hälfte seines Kopfes weh. Das rechte Auge auch, ein stechender, besonders unangenehmer Schmerz sogar.

Ich jedenfalls habe ihn in so einer Verfassung noch nie erlebt. Und das war, wie sich herausstellen sollte, erst der Anfang.

Der Zustand seiner Hilflosigkeit kränkte Baldovino bald so heftig, daß der Kopfschmerz sich verschlimmerte. Er war einem Wutausbruch nahe, der jedoch schon längst nicht mehr dem Nebel galt (oder den sich widersprechenden Ankündigungen der Fluggesellschaft), sondern allein ihm selbst, genauer gesagt: seiner ihm selbst längst lästigen Anfälligkeit für schlechte Laune, die ihn, wenn er sie nicht bekämpfte, bis ganz nahe an den Rand eines Schreikrampfs katapultieren konnte. Nebel auf Flughäfen war für ihn Schlamperei, sonst nichts. Und darüber regt sich ein zivilisierter Mensch, auch wenn er geborener Italiener ist, wie jeder andere Mensch eben auf. Und wie er sich aufregte! Und wie er sich gleichzeitig zu beruhigen versuchte. Der Schweiß lief ihm ins Hemd. Alles klitschnaß. Wo kriegte er jetzt ein Handtuch her? Und dann noch Dario – mußte er ausgerechnet jetzt wieder davon anfangen?

Baldovino spürte, wie wenig übriggeblieben war von seinem Vorsatz, mit Situationen dieser Art allmählich ruhiger, gelassener umgehen zu wollen. Es war lächerlich, was er der Welt vorwarf, und sein Zustand beschämend und kläglich. Aber es steckte diese Nervenschwäche einfach in ihm drin, sich trotz aller Einsicht nicht entschließen zu können, sich *nicht* zu bemitleiden. Schon als Kind konnte er, was das betraf, unangenehm stur werden, nur daß er sich seinen Launen (inklusive der erwähnten hysterischen Schreikrämpfe) damals noch lustvoll und völlig rücksichtslos hatte hingeben können. Er schrie, bis ihm die Stimmbänder versagten oder ihm einfach nicht genug Luft blieb, um mit seinem Tobsuchtsanfall weiterzumachen, und seine Mutter, wenn sie im Zimmer war, ihn dabei ganz ruhig, ganz beherrscht einfach nur anschaute und dann lediglich wissen wollte: Was soll das? Ein kleiner Vogel fällt erfroren von einem Zweig, ohne daß er sich jemals leid getan hätte. Jedenfalls schreit er nicht. Und was tust Du?

Was er tat? Er stand mit einem Cellokasten am anderen Ende der Welt. Da war kein kleiner Vogel, ihn zu erziehen. Und der große Vogel, der mit den Triebwerken, stand da draußen im Nebel und rührte sich nicht.

Nie wieder eine solche Ochsentour, schwor er sich, nie wieder überhaupt eine Tournee! Schluß damit! Alle wollen sie uns hören, nur an die Kleinigkeiten, die einem das Leben zur Hölle machen, denkt keiner. Und ich untertreibe, wenn ich Hölle sage. Warum war wieder der vertraglich vereinbarte Konzertsaal mit einem anderen, akustisch indiskutablen, getauscht worden? Und wer entschied, daß die Sache mit einer Entschuldigung aus der Welt geschafft war? Abreisen? Damit wenigstens drohen? Und bei dem ganzen Gestreite völlig unschuldig plötzlich als schwierige Person dazustehen? Und danach wie ein geprügelter Hund im Hotelzimmer auf dem Bett liegen? Was soll das sein, Betten? Warum, im übrigen, waren Hotelbetten noch nicht erfunden, in denen man sich den Nacken *nicht* verrenkt? Warum Fenster, wenn sie nicht zu öffnen waren? Warum ein warmes Essen bestellen, wenn es nicht kommt, und wenn, dann kalt? Übrigens, wieviel Milliarden Fliegen gab es, und warum, wenn man irgendwo auf der Welt allein in einem Bett lag, überhaupt Licht machen (und wie oft noch?) und damit anfangen, das eine oder andere dieser lästigen Biester erwischen zu wollen? Lag es am Jetlag, daß man diese Störenfriede, auch wenn man sich aufraffte, die Keule einer zusammengerollten Zeitung zu schwingen, nie traf? Kam man sich nicht wie ein Idiot vor? Es ist Schlafenszeit, man sitzt fest, allein in einem fernen Land. Die Klimaanlage ist das einzige Geräusch, und das auch nur, wenn man das Glück hat, nicht auch noch von hupenden Autos belästigt zu werden, die auf dem Platz vor dem Hotel ihre Runden drehen. Die Todesstunden des Wartens auf Schlaf. Die Enttäuschung, ein Buch ausgelesen zu haben, zum zweiten Mal schon. Blumensträuße, die man den ganzen langen Abend mit sich herumgeschleppt hat, nur um sie am nächsten Morgen unausgepackt in den Zimmern zurückzulassen. Grußkarten, mit denen man sich keine Mühe mehr gibt. Journalisten, die es eilig, aber immer noch Zeit genug haben, die Auswahl ihres Repertoires zu kritisieren. Welchen Sinn machte das? Welchen Sinn machte ein Leben, das einem Vagabundieren inzwischen ähnlicher geworden war als einer professionell durchorganisierten Konzertreise? Hatte ein Konzertpublikum, das gekommen war, sich in der Sonne der Schönheit zu wärmen, eine Ahnung, wieviel Schwerarbeit zu tun war, bevor endlich die eigentliche Arbeit, die des hochkonzentrierten Konzertierens, beginnen konnte? Und bevor es am Abend dann endlich, endlich soweit war: Wie die Unart des Schulterklopfens oder, ganz unangenehm, eines zu kräftigen Händedrucks parieren, ausgerechnet auch noch auf dem Weg aufs Podium?

Sie merken schon, mein armer Amadeo war nicht gerade der typische Vertreter jener sorglos chaotischen, sympathisch verträumten, immer irgendwie unbekümmerten Latinohelden, als die man seine Landsleute überall auf der Welt so bewundert, aber er machte das mehr als wett durch seine physische Erscheinung, seine Eleganz, deren beeindruckende Selbstverständlichkeit sogar einem dieser kosmopolitischen Mailänder oder Turiner (wie Giovanni Agnelli bis zu seinem Tod einer gewesen war) imponieren müßte.

Wäre es nicht kräftesparender, überlegte er mit Blick auf die Uhr (halb vier bereits!), die Welt könnte sich erbarmen – und ihnen nach Italien nachreisen? Trio di Trieste in Triest, und nur noch dort. Ein Festival der Freunde, wie es Pablo Casals in Prades ebenso eigensinnig wie erfolgreich seit Jahren vorexerziert. Er dachte an die Zeit, sein Alter, das Angebot seines Freundes Enrico Mainardi, seine Professur an der Accademia di Santa Cecilia in Rom und damit seine Meisterklasse zu übernehmen, sobald er mit dem Herumreisen aufhörte. Wäre das die Lösung? Nur noch gelegentlich vielleicht eine Studioproduktion, den einen oder anderen öffentlichen Auftritt, ein wenig Kammermusik? Und endlich Zeit, sich (noch einmal, ein letztes und endgültiges Mal) Bachs Solosuiten vorzunehmen und diesen Gipfel der Cellokunst – der Vertrag war ja bereits unterzeichnet – einzuspielen?

Zanettovich legte sich unterdessen mit einem Herrn der Flugsicherung an. War es nicht wenigstens möglich, eine einzige Maschine, die nach Buenos Aires, starten zu lassen, mit oder ohne einen vorteilhaften Wetterbericht?

De Rosa, so war er, hatte die Ruhe weg, trank, als ginge ihn das alles nichts an, seinen Kaffee und unterhielt sich mit denen, die auch nur herumstanden und die Ereignisse abwarteten; wobei er erfuhr, daß abends um acht Uhr eine Fähre auslief, die Buenos Aires um acht Uhr am nächsten Morgen erreichen würde. Als er zwei blutjunge Asiatinnen mit ihren Geigenkästen in der Abflughalle entdeckte, fiel ihm ein Witz ein, den er seinen neuen Freunden gegenüber natürlich unbedingt noch loswerden mußte, bevor er seine Triopartner suchen gehen würde. Woraus, fragte er die Runde, besteht ein Streichquartett? Nun, was glauben Sie? Allgemeines Achselzucken. Aus einem ersten Geiger, einem zweiten Geiger, einem ehemaligen Geiger und einem, der Geiger haßt. Schön, daß wenigstens de Rosa über seinen Witz lachen konnte. Ihm fiel (wie das so ist mit Witzen) noch einer ein, den er natürlich gleich auch noch loswerden wollte. Ein Streichquartett hatte für die Schallplatte Schubert eingespielt und sich im Studio dann die gerade mitgeschnittene ... Ach was, dachte de Rosa, Musikerwitze verstehen doch nur Musiker, ich geh mich besser nach dieser Fähre erkundigen und gleich auch noch ein paar wichtige Telefonate erledigen: mit dem italienischen Konsul, dem argentinischen Konzertveranstalter und der hinreißenden, hinreißend verrückten Jeanette de Erize, der Präsidentin des Mozarteum Argentino.

Danach, danke, danke, danke, hatte er dann, was sie brauchten, drei für das Trio di Trieste reservierte Einzelkabinen.

Gott sei Dank, wenigstens das, dachte Zanettovich, überfüllt, wie der Kahn vermutlich sein würde.

Ich erspare Ihnen das ganze weitere Durcheinander, um zum Hafen zu kommen. Und daß Baldovino, als er die Fähre sah, erst einmal nicht zu bewegen war, an Bord zu gehen. Und daß es Stunden dauerte, bis sich was tat, außer daß es aussah, als sei vor zwei Stunden ein Bürgerkrieg ausgebrochen und die gesamte Bevölkerung befände sich auf der Flucht. Mit allem bepackt, was man eben so auf die Schnelle mitnehmen konnte. Alles, von Kleinmöbeln bis Nutztieren. Kaum zu glauben, daß sie dann irgendwann endlich losschipperten, hinaus auf den Fluß, in einen noch dichteren, noch dunkleren Nebel hinein.

Baldovino ließ mich keine Minute aus den Augen. Ich stand sogar beim improvisierten Abendessen neben ihm, serviert in einer Art Speisesaal, der gleichzeitig auch als Schlafsaal und als Bar (inklusive Tanzfläche) in Betrieb war. Aber er rührte keinen Bissen an. Ihm war nicht nach Würstchen, eingerollt in Tortillas, oder Bohnensuppe. Den anderen zwei dagegen schmeckte es, wie er sah. Wenigstens sie schienen nicht zu zweifeln, daß sie rechtzeitig und, das vor allem, überhaupt in einem wenigstens halbwegs brauchbaren Zustand zum Konzert erscheinen würden.

Immerhin hatten sie ein Bett, was ein Trost war, wenn auch kein Ersatz für ein gültiges Erste-Klasse-Flugticket.

De Rosa, das Scheusal, brauchte kaum Schlaf, das wußte Baldovino. Der war von dem Lärm, den die Turbinen unten und die Passagiere oben machten, völlig unbeeindruckt.

Zanettovich genügten, um sich abzulenken und allmählich schläfrig zu werden, Kriminalromane, mit denen er sich ziemlich wahllos an jedem Bahnhof oder Flughafen eindeckte.

Nur Baldovino fühlte sich elend. Und er hatte Angst. Sah er ein Schiff, sah er es absaufen. Das hier auch. Deshalb behielt er die Schuhe gleich an. Welche Farbe hatten die Augen seiner Frau? Warum dachte er ausgerechnet jetzt an ihre Augen? Denkt das ein Mann, bevor man ihm die Binde umlegt? Grünlichblau? Im Paß stand blaugrün. Was nun! Ist grünlichblau und blaugrün identisch? Schlimm, dachte er, sich das

Ereignis seines demnächst stattfindenden Todes nicht wenigstens mit einer einzigen Gewißheit versüßen zu können.

Bilderfetzen tauchten aus der Erinnerung auf, Namen, Gesichter, Feriensommertage der Kindheit. Wie er dasteht in kurzen Hosen und einem jungen Mädchen winkt, das seine erste Liebe gewesen war (und der er ein Schloß aus Versen gebaut hatte). Wie nutzlos lange er danach noch in sie verliebt und wie ernst es ihm gewesen war! Wie Mama ihn auslacht, einen Dummkopf nennt und tröstet, und dabei selbst ganz nachdenklich wird. Ramponi, sein erster Cellolehrer, wie er ihm liebevoll den Kopf streicht. Die ganze Geschichte mit ihm fällt ihm wieder ein. Da war er fünfzehn. Irgendwie war dieser bedauernswerte Mann, der auf Empfehlung der Klavierlehrerin seines ältesten Bruders ins Haus gekommen war, sein einziger Freund gewesen damals.

Baldovino starrte an die Decke. Die Augen zu schließen, getraute er sich noch nicht. Aber was änderte das? Auch mit offenen Augen sah er keine Hoffnung, wohlbehalten anzukommen, nicht auf diesem Schiff. Er stellte sich das Wasser vor, auf dem sie trieben. Wo fing dieser dunkle, träge, fast stillstehende Fluß an, wo hörte er auf? Das war gar kein Fluß mehr, sondern ein Grab zur Gespensterstunde. Er sah bereits die vom Salzfraß entstellte Grimasse eines Ertrunkenen, der unter ihm ... Aber lassen wir das, auch wenn wir damit Baldovinos unbestreitbar vorhandene Begabung unterschlagen, sich selbst in Angst und Schrecken zu versetzen.

Unmöglich, das Licht auszumachen. Unmöglich, bei Licht einzuschlafen. Aus irgendeinem Grund durchwühlte er seinen Koffer. Er suchte doch nicht etwa nach einer Badehose? Oder nach Papier und Stift, um einen Abschiedsbrief aufzusetzen, ein letztes Adieu? Was will er mit den Handschuhen, die er findet, herausnimmt und überstreift? Komisch! Glaubte er, damit größere Gewinnchancen beim Einschlafen oder später beim Erwürgen eines Krokodils zu haben? War ein frisch gereinigter Frack nicht die bessere Waffe, die Berührung des Todes unschädlich machen zu können? Der Unsinn, in seinem Gepäck herumzusuchen, machte Baldovino erst recht angst. Er mußte, das war ihm anzusehen, versuchen, sich zu entspannen, abzulenken, sich auf etwas anderes, etwas Vernünftigeres als seine Todesahnungen zu konzentrieren. Obenauf lagen Noten, die er dabeihatte. Mal sehen. Brahms H-Dur-Trio, den einen Lagenwechsel da im Thema des ersten Satzes, vor dem er mehr Respekt hatte, als seinem Spiel guttat. Warum die knifflige Stelle nicht in Gedanken durchgehen, jetzt, wo Gelegenheit war? Wo lag die Schwierigkeit, am Bogenstrich, am Fingersatz? Hatte da irgendwer in seine Noten was hineingekritzelt? Er spürte, wie anstrengend der Versuch war, sich ausgerechnet nach so einem Tag für die eine oder andere Möglichkeit entscheiden zu sollen, wie seine Augen müde wurden, wie er aufgab, sich wach zu halten. Er streifte im Liegen (also doch!) die Schuhe ab und knipste das Licht aus.

Was für ein Land! Was für Menschen! Alles Pfusch!

Und dann hörte er es.

Salvavidas.

Salvavidas.

Gleichzeitig klopfte es an der Tür.

Einige Jungs der Mannschaft liefen durch die Gänge und teilten jedem, der seinen Kopf aus der Tür steckte, mit, sich an Deck zu begeben.

Was ist los? Geht das Schiff unter?

Nicht alle, die nach oben stürmten, waren schon wach oder

angezogen. Und es dauerte, bis sie ihre Lage begriffen. Dann aber stürzten sie zu den Rettungsbooten, rissen sie aus ihrer Verankerung, warfen sie über Bord und sprangen hinterher. Nicht alle. Viele hielten sich an der Reling fest, als könnten sie das Schiff festhalten, bevor es kippte. War Beten und Abwarten vernünftiger? Sie suchten die Dunkelheit ab in der irrsinnigen Annahme, es könne sich der Fluß durch ein Wunder irgendwie doch in festen Boden verwandeln. Wann, wenn nicht jetzt, war der Moment gekommen, an Wunder zu glauben?

Die Menschen rissen auf ihrer aussichtslosen Flucht alles, was sich ihnen in den Weg stellte, um. Sie gaben sich nicht einmal mehr Mühe, Kindern auszuweichen. Und jeder, der nicht nur noch ein hilflos jämmerliches Gebet vor sich hin buchstabierte, schrie sein Salvavidas in einen Himmel, der sich nicht blicken ließ.

Noch immer Nacht, und der von Scheinwerfern angestrahlte Nebel, der unbarmherzig auch dieser Beleuchtung standhielt. Die *Ciudad d'Assuncion*, die schon Schlagseite hatte, schien abzusaufen.

Ob mich das alles beunruhigte? Nein! Ich habe vor Feuer Angst, nicht vor Wasser.

Außerdem, solange Amadeo Baldovino mich im Arm hielt und beschützte, was sollte mir schon passieren! Und ein Cellokasten von Hill hält was aus, auch wenn einer mit genagelten Stiefeln dagegen tritt.

Dann eine Stichflamme unterhalb der Kommandobrücke, schnell wie ein Schwertstoß. Die Antwort der Entsetzten war furchteinflößend. Wo waren Dario und Renato? I don't know exactly when I abandoned the Mara. My instinct for survival took over the reality of what was happening, sagte Baldovino später auf einer Pressekonferenz.

Abandoned! Aufgegeben! Rette sich, wer kann.

Ich rutschte über Bord, trieb vom brennenden, sich aufbäumenden und dann im Rio de la Plata, diesem Giganten unter den Strömen der Erde, schnell und lautlos absaufenden Schiff fort, hielt mich aber über Wasser. Aber dann ging der Kampf los. Hände griffen nach mir, Leiber wälzten sich über mich, denn jetzt war ich für jeden, der in den Rettungsbooten keinen Platz mehr gefunden hatte oder von ihnen abgerutscht oder heruntergestoßen worden war, buchstäblich der letzte Balken, der letzte Strohhalm, an den er sich halten konnte. Der Cellokasten als Floß, zu klein, zu leicht natürlich für die vielen, die sich noch eine Weile an ihm mit den schwindenden Kräften eines Arms festhielten, sich mit dem freien anderen bekämpften, die weggeschwemmt und abgetrieben wurden und sich ihrem Schicksal schließlich ergaben. Auch den letzten spülte es bald herunter. Dann war ich allein.

Nun wollen Sie wahrscheinlich wissen, wie ich die Katastrophe erlebt habe, ich persönlich, und was ich dachte (oder heute denke), hab ich recht? Ich fürchte, ich muß Sie enttäuschen. Erstens weiß ich es nicht, und zweitens will ich nichts erfinden. Ich könnte Ihnen – natürlich könnte ich das, mit der linken Hand sozusagen – jetzt ein Drama auftischen mit mehr Salzwasser als bei einer Sintflut, mit einem Donnergott und vielen kleinen hungrigen Piranhas, die sich an mir hoffentlich den Magen verdorben haben. Aber wie es sich anfühlt, abzusaufen, aus dem Leim zu gehen, den Geist aufzugeben, nennen Sie es, wie Sie wollen, sterben, krepieren, wissen, daß es das war, das Ende? Die Wahrheit ist, daß ich keine Ahnung habe. Ich müßte lügen. Was meine Empfindungen, meine letzten Gedanken waren? Hm! Verstehe. Wahrscheinlich gibt es überhaupt nichts Interessanteres als das Geheimnis der letzten wachen Sekunde, des letzten Seufzers zu Lebzeiten. Wenn ich sage, daß mir heiß war, kann ich das selbst kaum glauben. Warum heiß, wenn das Wasser, in dem ich als Gefangener in meinem Kasten schwamm, kalt war – wie die Nacht, wie der Nebel? Ob ich irgend etwas hörte? Musik? Sphärenklänge? Ach was, das hört sich alles ganz unmusikalisch, ganz realistisch an, was man hört, ernüchternd irgendwie, wie soll ich sagen: wie in einer Badewanne mit dem Ohr im Ausguß. Es gurgelte ein bißchen, als uns das Gewicht des in den Kasten eindringenden Wassers langsam nach unten drückte. Ich war ja nicht allein. Ich als Leichtgewicht hätte es einfacher gehabt, mich oben zu halten. Vielleicht, vielleicht auch nicht. Ich wäre viel rascher an Land gespült worden wahrscheinlich. Ob das aber viel geholfen hätte? Ich war, glaube ich, sehr bald irgendwie weg, wie weggetreten, nicht mehr der Gegenstand, der ich sonst bin. Aber das hat manchmal, in Sternstunden, auch der eine oder andere meiner Spieler geschafft, mich in diesen Zustand zu versetzen. Nur waren, wenn ich mich in Klang, in Musik auflöste, die Bedingungen bessere.

Tja, ziemlich mager das Ganze, zugegeben. Aber was soll's. Ich habe ja, alles in allem, noch Glück im Unglück gehabt. Was, wenn mir das in einem Jahrhundert passiert wäre, das den ganzen nutzlosen Plunder, der da frühmorgens herumliegt, auf den Abfall geworfen oder verfeuert hätte? Vor zweihundert Jahren, glauben Sie mir, war ein kaputtes Instrument bestenfalls Brennholz. Das eine oder andere Stück hat man vielleicht zur Reparatur eines weniger schwer beschädigten Instruments hergenommen. Aber das war's dann auch schon. Das war, als ich jünger war, einfach üblich. Da war es billiger, ein neues und gleich ein noch besseres zu bauen. Ich habe das schon erwähnt. Wir sind Kunstwerke, nicht mehr nur Musikinstrumente. Und werden heute, koste es, was es wolle, restauriert. Die haben am Strand jeden Kiesel zweimal umgedreht damals, nur um nichts, was fehlen könnte, zu übersehen. Eine Staatsaktion war das. Um die Leichen, die auch rumlagen, hat sich erst einmal keiner groß gekümmert.

Als es, wie gesagt, wieder Tag war, hatte uns die Strömung ans Ufer gespült. Da lagen wir, ich ein zerfallenes Gerippe, der Kasten aufgeweicht. Viel weiß ich nicht mehr. Alles war dunkel, schwarz wie die Haut jenes Hofmohren, der mir zum ersten Mal während meines ersten kurzen Wienaufenthalts (damals mit Mara) in der Begleitung Mozarts aufgefallen war.

Er reist noch immer mit einem Zirkus herum, dessen Zukunft bedauernswert scheint, das Zelt vermodert, die bemalten Zirkuswagen versunken in der Fäulnis tropischer Gewitter. Ich kann eine Frau hören, aber nicht sehen, die mit ihm spricht, mit einem, der sich gerade für seinen Auftritt in der Manege zurechtmacht. Werde ich Deine Gefährtin oder Deine Sklavin sein? Begehrst Du mich, oder liebst Du mich? Weißt Du eigentlich, wer ich bin? Und beunruhigt es Dich, es nicht zu wissen? Etc., etc. Wie ist es möglich, kurz vor einem Auftritt in der Finsternis vor einem Spiegel zu sitzen und Fragen beantworten zu sollen, jede einer Drohung ähnlicher als einer Liebeserklärung? Noch viel weniger weiß ich, welcher Rest von mir am gleichen Abend einem Messerwerfer als Zielscheibe dient.

Ist das die Strafe dafür, daß ich, wie alle immer sagen, wie eine Frau gebaut bin? Ich habe nicht die leiseste Ahnung, welchem Traum ich meine Unversehrtheit verdanke. Und wissen Sie, wer die Nummer präsentiert? Einer aus der

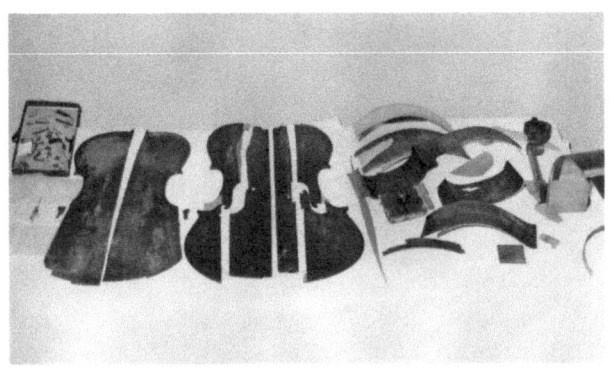

»The Mara« (1963, nach dem Fährunglück)

Zirkustruppe, der sich als mein Vater herausgeputzt hat; ein naheliegender, etwas dümmlicher Einfall, mehr nicht. Ein Vater opfert sein Kind, in dessen Herz ein Zettel mit meinem Namen klebt. Mara Stradivari. Der in türkische Tracht gekleidete Hofmohr hält unterdessen ein Schild ins Publikum, mit der Behauptung: Teuerstes Cello der Welt (mit drei Dollarzeichen dahinter als Ausrufezeichen)! Und dann sehe ich sie! Am Manegenrand steht, ganz biblische Gegenwart, Maria und wirft nach dem letzten Messer die Arme in die Luft und lächelt. Ihr Lächeln verrät nichts. Eigenartig, denke ich. Aber es ist Maria. Ich bin gerade dabei, einen Verdacht zu haben, den nämlich, daß es sich bei dem Messerwerfer um niemand anderen handeln könne als … als ich aufwache.

Ich war im Laufe meiner Karriere schon oft fotografiert und davor auch schon das eine oder andere Mal gemalt worden, aber niemals im Zustand der Agonie. Ich war kein Cello mehr, kein Instrument, keine Mara mehr, sondern nur noch

»Mara«, dito

ein Haufen Kleinholz, schmutzig, verdreckt, durch und durch triefend. Was, wenn mich so Maestro Baldovino sah, falls der überhaupt noch am Leben war?

War er, wie sich herausstellte. Und de Rosa und Zanettovich, dem im Wasser nur seine Brille verlorengegangen war, auch. Alle drei hatten sich in (wenn auch verschiedene) Boote retten können, und glücklicherweise war keines von ihnen gekentert. Glück hatten sie zudem: sie waren ja schließlich alle in einem Alter, wo eine Lungenentzündung kein Spaß mehr ist; wie leicht hätten sie sich die, unterkühlt und erschöpft, wie sie waren, einfangen können. Und auch dann, als sie schließlich gefunden und von Schnellbooten der argentinischen Marine aus dem Wasser gefischt worden waren, hatten sie ja erst einmal weiter auch nichts am Leib gehabt als geflickte und verwaschene, wenn auch gottlob endlich wieder trockene Sachen: Uniformjacken, Trainingshosen und Plastiksandalen. In diesem Aufzug wurden sie in Busse verfrachtet und in die Hauptstadt gebracht.

I confess, so Baldovino später, that for a long time I did not think of my Mara.

Schon im Bus, und erst recht in den nächsten Tagen und Wochen, kehrte das Erlebte, der Anblick toter Kinder, der Sterbenden, die herzzerreißende Verzweiflung ihrer Schreie, ihr Schluchzen und Jammern, ja, sogar die Wucht ihres Verstummens, mit voller Lautstärke zurück. Erst allmählich wagte es Baldovino, sich wieder mit sich selbst, aber vor allem natürlich mit mir und der Vorstellung, mich für immer verloren zu haben, zu beschäftigen.

De Rosa, der dem Schock schon wieder mit kleinen Scherzen zu Leibe rückte, zum Beispiel über die Freundlichkeit argentinischer Krokodile, ausgestorben zu sein, kümmerte sich zusammen mit Zanettovich erst einmal um das Praktische. Keine Interviews, vorerst wenigstens keine, und keine Fotografen, auch wenn die Hotelhalle mit Zeitungsleuten voll war. Und keine Gespräche durchstellen. Und die Versicherung informieren und auffordern, einen ihrer Sachverständigen nach Buenos Aires zu schicken, der Schaden ging schließlich in die Millionen. Und, ganz wichtig, den italienischen Botschafter bitten, etwas Geld und einen Schneider ins Hotel zu schicken. Was sie jetzt dringender als alles andere brauchten, war ja erst einmal nur eine komplett neue Garderobe – oder wie lange sollten sie noch in geliehenen Anzügen, die alle nicht paßten, im Hotelzimmer sitzen?

Baldovino bezweifelte, trotz der quer über die Titelblätter aller Zeitungen laufenden Schlagzeile RESCUED, mich jemals, in welchem Zustand auch immer, wiederzusehen – und wenn, je wieder den Bogen auf eine meiner Saiten setzen zu können. Es gab zwei Fotos, beide nicht gerade aufschlußreich. Aber waren die angeschwemmten Trümmer tatsächlich die seines Cellos? Oder nur Reste zerbrochener Gitarren oder aus dem Leim gegangener Möbelstücke?

Es half nichts, er mußte sich selbst informieren, selbst hinausfahren zum Marinestützpunkt La Plata, wo ich, das schwer angeschlagene, wenn nicht erledigte Corpus delicti, wie ein Held aufgebahrt war.

Baldovino standen, als er mich sah, Tränen in den Augen.

De Rosa schwieg – und zündete sich endlich die Zigarette an, mit der er gute fünfzig Kilometer lang nur herumgespielt hatte.

Zanettovich versuchte seinem Freund wenigstens Mut zu machen und erinnerte ihn an die Geschichte mit Jacobsen. So sah seine Red Diamond damals doch auch aus, sagte er, genauso.

Stimmt, so sah sie aus. Baldovino hatte die Fotos noch vor Augen.

Erwischt hatte es den Roten Diamanten, als der Wagen Sascha Jacobsens, Primarius der Los Angeles Philharmonics, während eines Hurrikans von einer Flutwelle erwischt wurde. Jacobsen hatte wegen der Warnungen (selbst Musiksendungen und die Übertragung der Gottesdienste wurden damals unterbrochen!) ohnehin schon den Plan aufgegeben, nach Balboa Island zu fahren, wo er eigentlich hinwollte, und statt dessen einen Freund, der in den Palisades wohnte, bitten wollen, ihn für eine Nacht zu beherbergen. Vor der Telefonzelle konnte er sich nach dem ersten Brecher, der ihn traf, gerade noch in Sicherheit bringen, aber nur sich selbst. Den Geigenkasten spülte es samt Inhalt und Auto (in Gesellschaft auch noch einiger Imbißbuden und Teilen einer Tankstelle) ins Meer.

Erinnerst Du Dich? Das gleiche Bild der Verwüstung. Aussichtslos. Aus und vorbei. Wieder, so dachten wir doch damals alle, wieder eine seltene, kostbare Stradivari weniger auf der Welt.

Baldovino erinnerte sich.

Drei, vier Wochen hat es gedauert, bis die ganze verdammte Salzbrühe verdampft und das Holz wieder einigermaßen trocken war. Die Teile hat dann, wie hieß er ...

Weisshaar, Hans Weisshaar!

Genau, Weisshaar.

Ein Genie!

Und was für eins. Was der Mann geleistet hat, ist unglaublich. Er hat damals, wie mir einer, der ihn kannte, erzählt hat, sogar sein Bett in die Werkstatt geschoben, nur um das Instrument in seinem Zustand nicht allein zu lassen.

Lebt er noch?

Leben tut er noch, glaube ich, bin mir aber nicht sicher.

Macht nichts, sagte de Rosa, wir rufen Wurlitzer in New York an.

Du meinst Sacconi? Glaubst Du, daß der sich in seinem Alter noch in ein Flugzeug setzt?

Plötzlich tauchte auch Jeanette de Erize auf dem Marinestützpunkt auf. Gott sei Dank, kann ich nur sagen. Sie sah blendend aus. Und das bei ihrem Leben. Sechzehn, siebzehn Stunden jeden Tag im Büro oder mit dem Auto oder Flieger unterwegs, auch am Wochenende, rund um die Uhr nichts als Telefonate, Briefe aufsetzen, Besprechungen, Opernpremieren oder Konzerte – was ihr aber immer noch nicht genügte. Sie wollte sich schließlich ja auch mal amüsieren. Mit ihrer Lebhaftigkeit tat sie dieser Trauergemeinde ganz gut, wie ich fand. Es half ja nicht weiter, nur herumzustehen. Fahren wir zurück, schlug sie vor, und zwar erst einmal zu mir nach Hause. Und die Leiche hier nehmen wir mit. Kommen Sie, Amadeo, kommen Sie.

Ich mag Frauen, die zupacken. Und wie erst, wenn sie auch in Situationen wie dieser hier nicht den Humor verlieren (was sogar den Matrosen gefiel; es standen ja genug Prachtexemplare um sie herum).

Natürlich ließ sie sich deren Bewunderung nicht entgehen. Und auf den Mund gefallen war sie auch nicht. Wer Lust nicht austeilt, Jungs, kriegt keine. Sie schaute ihnen vorne auf die Hosen.

Einer der Boys fing damit an, dann salutierten alle.

Das muß man können, staunte de Rosa, alle Achtung.

Neun Monate oder, genauer gesagt, alles in allem siebenhundert Arbeitsstunden dauerte die Notoperation, die dann doch nicht in New York, sondern in London bei den Hills, wo sonst, stattfand. Jedenfalls wachte ich dort wieder auf, mit Paraffin gepolstert, eingepackt in kleine Säckchen mit heißem Sand. Ich will Ihnen die Aufzählung all der Einzelheiten, die zu meiner, ich kann wirklich sagen: meiner vollständigen Genesung geführt haben, ersparen. Um Teile des Rückens ergänzen zu können, wurde die rechte untere Zarge hergenommen – und durch eine neue ersetzt, wie jeder mit bloßem Auge leicht feststellen kann. Und der Lack, höre ich die Ängstlichen fragen, was ist damit? Was damit ist? Selbst unter ultraviolettem Licht sieht man nicht viel. Ich kann's Ihnen aber verraten, wie sie es, glaube ich, hingekriegt haben. Sie haben an Stellen, wo der originale Lack dicker aufgetragen war, verdünnt und damit Decke und Rücken bestrichen, mehr aber auch nicht.

Wie ich mich danach fühlte? Kinder, die im Krankenhaus liegen, fragen die Schwester, ob der liebe Gott sie lieb hat und wieder gesund macht, ganz gesund, so gesund, daß sie wieder nach Hause dürfen und spielen? Ja, sagten die Hills, gewiß darfst Du wieder nach Hause, und spielen darfst Du auch wieder mit Deinem Freund und machten mich – tatsächlich, sie schafften es – gesund. Sie staunten schließlich selbst, was sie vollbracht hatten. Alle Welt staunte. Das hätten weder Weisshaar (in Los Angeles) noch Sacconi (in New York) besser hingekriegt.

Klar, daß meine Wiedergeburt rund um den Globus (mit

Berichten in allen Feuilletons ebenso wie auf den Seiten des Wirtschaftsteils) gefeiert wurde. Ich war wieder da, wieder völlig hergestellt – und noch wertvoller, noch höher versichert als jemals vorher. Was, wenn die Sache schiefgelaufen wäre?

Aber das alles ist längst Geschichte. Wie das Trio di Trieste, wie Baldovino, de Rosa, Zanettovich. Wie Jeanette, die so elegant, so gescheit, so temperamentvoll und so ungewöhnlich großzügig war.

Was soll ich noch sagen?

Ich landete wieder in London, lag wieder im Safe – und war wieder käuflich. Vier Millionen und ein paar Zerquetschte, was soll's.

Was sich ein wohlhabender deutscher Fabrikant nach einer Nacht des Nachdenkens dann auch sagte – und das Sümmchen hinblätterte.

Worüber mag er nachgedacht haben? Nur über die Möglichkeit, die Wahrscheinlichkeit einer weiteren Wertsteigerung des Instruments, ob sich die Investition kaufmännisch also rechnete? Oder war er, was ihm seine Frau (und neuerdings immer öfter auch seine Kinder) vorhielten, in Gefühlsdingen unheilbar unvernünftig und sentimental? Um was für ein Gefühl handelte es sich dann aber?

Einmal, einem Freund gegenüber, sprach er über jene Nacht in einem Londoner Hotel, nachdem er mich nachmittags bei Charles Beare, dem Händler, der mich von den Hills übernommen hatte, zum ersten Mal in natura bewundert, ein wenig auf mir gespielt und danach dann die Zertifikate durchgeschaut hatte –und über den Grund seiner Entscheidung. Es sei ihm die Musik, die darauf wieder erklingen könne, nicht so wichtig gewesen wie der Gedanke, daß er es bei einem Gegenstand wie diesem Cello, das fast dreihundert Jahre alt war, mit etwas zu tun hatte, was es auf der Welt so nicht noch einmal geben könne. *A thing of beauty is a joy forever.* Es war ein Kunstwerk und gleichzeitig ein Werkzeug, und beides gleichermaßen perfekt. Es war vollkommen in seiner Form und vollkommen funktionell als Musikinstrument. Es gab nichts, was ihm gleichkam, und niemandem war es in drei Jahrhunderten nachweislich gelungen, ein Instrument Stradivaris mit Erfolg kopieren, gar übertreffen zu können. Es war dieser Gegenstand, den ich berührt hatte, nicht geheimnisvoll, nicht rätselhaft, er war nur unbegreiflich. Und er war nur aus Holz. Eine komplexe Konstruktion, eingefangen in Einfachheit! War seit der Erfindung des Rades, seit dem Bau der Pyramiden je wieder etwas von Menschenhand erschaffen worden, was in seinen Proportionen, seiner Genauigkeit und Wirkung so einfach, so richtig, so vollendet war, so unwiederholbar, so unvergleichlich vollkommen? Er habe in dieser Nacht in seinem Hotelzimmer wach gelegen, was ihn, aufgeregt, wie er war, in Hochstimmung versetzt habe. Ohne auf die Uhr zu schauen, habe er eine gute Flasche Rotwein kommen lassen, einen 82er Château Ducru Beaucaillou Saint Julien, was auch noch nie vorgekommen sei, jedenfalls so spät noch nie (tatsächlich sei es bereits kurz vor halb drei Uhr nachts gewesen) und schon gar nicht so mutterseelenallein. Wie selten vorher in seinem Leben sei er damit einverstanden gewesen, Geld zu besitzen und die Freiheit, es gegen einen Reichtum ganz anderer Art einzutauschen. Er spürte Erleichterung. Geld war, seiner Meinung nach, immer ein Problem, ob man es selbst gemacht oder, wie in seinem Fall, geerbt hat. Es haftet ein Makel an Menschen, die reich sind. Warum, sei ihm nicht klar, aber die Leute glauben es. Sie glauben Balzac, der hinter jedem großen Vermögen ein großes Verbrechen vermutete. (Der größte Leser unter meinen Cellisten war Pini gewesen, und sein Lieblingsautor ein gewisser John Cowper Powys. Und was glauben Sie, was der über die Sache dachte? Die Talente, die man braucht, um große Geldsummen anzuhäufen, gehören stets zu den niedersten menschlichen Eigenschaften.) Er habe gegen Balzac nie eine Chance gehabt, bei aller Verantwortung für das Erbe und seinem sozialen Gewissen seinen Angestellten gegenüber. Im übrigen verwalte er Geld, er sehe es nicht. Aber dieses Cello da, das habe er nicht nur sehen, sondern hören können. Und habe sich gefühlt wie ein Dichter, der einem größeren seines Standes widerspricht. Selbst die Schläge der Turmuhr hätten ihm, wenn er richtig mitgezählt hatte, zugestimmt. Was für ein Privileg, nicht immer Geld nur rauszuschmeißen für Leute mit Einfällen. Mit einem Lächeln, das seine Kapitulation vor dem besseren Argument unterstreichen sollte, hatte er Charles Beare gegenüber zum Abschied dann noch folgende kryptische Bemerkung gemacht: Würde das Ei seine Form einem Einfall verdanken, es wäre rund.

Nein, selbst wollte er nicht wieder ernsthaft mit dem Cellospielen beginnen, nicht bei der knappen Zeit, die ihm seine Geschäfte ließen. Aber er war schon lange von einem fasziniert, der es konnte, sehr gut sogar (womit er recht hat, der reiche Mann, wie ich selbst inzwischen weiß). Ein Österreicher.

Ja, die Österreicher. Und wenn sie dann noch Musiker sind!

Glück gehabt, würde ich sagen. Sein Spiel erinnert mich an mein ganzes Leben, angefangen bei Vivaldi, wenn er dessen Sonaten spielt. Ich treffe alte Bekannte wieder, wie Luigi Boccherini, Haydn, Schumann, Beethoven. Und spiele eben nicht immer nur deren Werke für Kammermusik. Schön ist das. Schön, einerseits unterwegs zu sein in meiner Vergangenheit – und von dort, und das oft im Verlauf einer einzigen Tournee, ins Jenseits der Gegenwart zu fliegen – und was ganz anderes zu machen, Neue Musik, Zukunftsmusik. Und weit und breit nicht die Spur einer eifersüchtigen Gattin oder einer durchgeknallten Geliebten oder sonst eines Störenfrieds, wenn ich die Sache mit diesem anderen Cello vergesse, die mich ärgert. Gebe ich zu. Ich hatte Schwierigkeiten, die neuen Bedingungen zu akzeptieren. Plötzlich tauchte sie auf, diese alte Diva, die sich *Sleeping Beauty* nennt, Schlafende Schönheit. Kein Kommentar! Als sei das noch nicht genug, ist sie ein Montagnana. Auch das noch, ausgerechnet! Und das mir! Wie finden Sie denn das: Schlafende Schönheit? Klingt gut, poetisch sogar? Na, ich weiß nicht. Für meinen Geschmack haut da die Poesie dann doch ein bißchen zu sehr auf die Pauke! Ich meine, man kann auch übertreiben. Wer hat das denn nötig, sich Schlafende Schönheit zu nennen? Klingt doch irgendwie, na, ich weiß nicht, gewollt, kitschig, fast billig, oder? Aber sei's drum. Ich will mich hier nicht auch noch zu verleumderischen Behauptungen hinreißen lassen – und die Bemerkung von der aufgetauten Torte, an die sie mich erinnert, ziehe ich zurück. Hat ja auch, wie ich zugebe, seine Vorteile, nicht alles allein machen zu müssen, nicht jede Probe, jedes Konzert, jede Reise – und dann noch die Studiotermine und die vielen Stunden mit den Schülern auch noch. Tut eigentlich hin und wieder ganz gut, in meinem roten Bett zu liegen und auch mal ausruhen und schlafen zu können. Soll Dornröschen, wenn sie dran ist, doch zeigen,

Heinrich Schiff spielt »The Mara«, 1997

was sie kann, was soll's. Schließlich bringt es ja nichts, wenn der Haussegen zu Hause in der Wiener Mozartgasse, wo wir im Moment alle zusammen wohnen, schief hängt.

Wissen Sie, was mir gerade wieder einfällt und mich immer noch ärgert? Daß sich Mozart und dieser Mara damals nicht grün waren. Daß sie sich nicht einfach einmal bei einem Heurigen, in der Gastwirtschaft »Zu den 3 Hacken« zum Beispiel in der Singerstraße, wo doch damals all die Komponisten und Musiker verkehrten, in einer Ecke zusammen an einen Tisch gesetzt haben – und am Ende, vielleicht, vielleicht, wäre ein Cellokonzert herausgekommen. Und wir beide, mein Österreicher und ich, könnten es spielen.

Wie er heißt, mein Österreicher? Lachen Sie nicht. Schiff. Ja, wirklich. Schiff, Heinrich Schiff, und das mir, bei meiner Vergangenheit. Das hat mir noch gefehlt. Aber dem Humor kann ich, mal sehen, sicher etwas abgewinnen.

Jeanette hätte es gefallen. Und manchmal, wenn ich daran denke, höre ich sie lachen. Ob es etwas Schöneres gibt als Musik? Vielleicht nicht, vielleicht ihr Lachen.

2011 wurde ich dreihundert und Heinrich Schiff sechzig Jahre alt; und Europa und die Welt waren darauf vorbereitet. Es waren jede Menge Konzerte geplant, mehr als vielleicht vernünftig, denn das alles kostete Kraft, die Reisen, die Empfänge, die Interviews, natürlich die Konzerte selbst. Verträge waren unterschrieben, Orchester gebucht, Dirigenten gesucht und gefunden worden. Die Musikwelt, diese verwöhnte Diva, die ja inzwischen selbst mit Höchstleistungen kaum noch zufriedenzustellen war, erwartete das Jubiläum mit besonderer, fast heiliger Dankbarkeit. Wir, die beiden Geburtstagskinder, würden das Publikum in Begeisterung versetzen. Wer zweifelte daran?

Heinrich Schiff, mit dem ich nun schon achtzehn Jahre hindurch musizierte, nahm den ganzen Zirkus gelassen. Er war Musiker, kein Rennpferd. Er wollte, wenn er auftrat, der Kunst des Cellospiels dienen, und überließ den Status eines Stars gerne mir.

Aber es kam dann ganz anders. Und es war eine Katastrophe. Es war mehr als das. Es war das Ende.

Ich werde das alles entscheidende Datum nicht vergessen, nie, niemals, den Abend des 25. April 2010, das Konzert im Mozartsaal des Wiener Konzerthauses. Auf dem Programm Beethoven, die Werke für Cello und Klavier.

In der ersten Hälfte des Konzerts ging noch alles wie immer, glaubte ich jedenfalls. Schiff schien mit frischer, ausgelassener Spielfreude bei der Sache. Ich merkte nichts von dem beginnenden, sich langsam in der rechten Schulter verstärkenden Schmerz, der ihm bei der Bogenführung immer mehr zu schaffen machte. Ich war völlig ahnungslos. Ich hörte ihn im Künstlerzimmer zwar stöhnen und etwas sagen wie »Geht das schon wieder los?«, wobei er zur Lockerung der Muskulatur ein paar Übungen machte, ein großes Glas Wasser leerte und versuchte, sich mit einem feuchten Tuch zu erfrischen, aber war das alles nicht immer wieder mal vorgekommen?

Nach der Pause die Sonate Nr. 4 in C-Dur, op. 102 no. 1 – und dabei brach er bereits mitten im ersten Satz zum ersten Mal ab, was das Publikum nur deshalb nicht weiter irritierte, weil Schiff, man muss schon sagen: geistesgegenwärtig, wenn nicht gar kaltblütig!, so tat, als sei nicht seine Schulter, sondern sein Bogen an der Unterbrechung schuld, irgendetwas am Frosch seines Bogens. Oh, ich kannte ihn, ich habe es oft genug, wenn auch eher privat, erlebt, was für ein Komödiant er sein konnte! Aber das hier war der Ernstfall! Wie einen Bogenstrich mit dem für ein Fortissimo erforderlichen Druck zu Ende führen, wenn weder die Kraft noch die Spannbreite des Arms dafür zur Verfügung stehen? Woher das Gefühl nehmen, das nötig wäre, um einen Klang in seiner hellen Leichtigkeit sich auflösen zu lassen? Wer verfügt über die Begabung, in einem solchen Augenblick die Angst kontrollieren zu können? Wer kann von sich behaupten, er hätte sich als Solist die nötige Routine angeeignet, dem freien Fall die Stirn zu bieten?

Die Unterbrechung, nicht mehr als eine Minute, verschaffte ihm Luft, der Schmerz ebbte ab. Wir atmeten alle auf, ich, das Publikum, der Konzertveranstalter.

Aber was ging wirklich in Heinrich Schiff vor? Es dauerte, bis er den Schock verarbeitet hatte und bereit war, Auskunft zu geben. Ich kannte die Partitur, sah die Noten vor mir.

Beethoven war Pianist gewesen, es gab deshalb in allen Sonaten, auch in der nächsten, der Sonate Nr. 3 (in A-Dur, op. 69), mit der ich den Abend – so Gott will! – zu beschließen gedachte, einiges zu tun für das Klavier. Aber wie das Allegro vivace, das des dritten Satzes, durchstehen ohne Gelegenheit, meine Schulter zu schonen; und das nach dem zweiten Satz, einem federleicht zu spielenden Scherzo?

Der Schmerz kam zurück, stärker, stechender als zuvor. Wie viele Takte würde ich noch durchhalten können bis zur völligen Lähmung des rechten Arms? Ich spielte, solange es überhaupt ging, brach dann ab, fing wieder an, brach wieder ab, fing wieder an ...

Das Publikum verharrte reglos in den Sitzen, versuchte zu verstehen, was sich da gerade abspielte. Die überraschenden, weil nicht erwartbaren Unterbrechungen mochten ihm eine Wahrheit offenbart haben, die der übliche, reibungslose Betrieb dem Konzertbesucher vorenthält. Es gibt, so der andere dunkle Teil dieser Wahrheit, keine Garantie, heil davonzukommen.

An diesem Abend verließ ein großer Musiker die Bühne für immer.

Es hingen lange noch in vielen Städten Ankündigungen von Konzerten des Cellisten Heinrich Schiff, als es den Cellisten Schiff schon nicht mehr gab.

Die Wunder, für die Wunderheiler zuständig sein sollen, blieben aus. Es gab auch das Wunder nicht, von einem Chirurgen geheilt zu werden. Nicht schon wieder unters Messer! Das hatte er gehabt, zuletzt vor acht Monaten, als er in einem Hotel auf einer Marmortreppe ausgerutscht und ausgerechnet (wieder einmal) auf die rechte Schulter, seine Schwachstelle, gefallen war. Bei der Abnutzung, wie sie (»Da, schauen

Sie sich das an!«) auf den Röntgenaufnahmen deutlich zu erkennen war, hatte ihm ein Arzt schon vor zwanzig Jahren geraten (und er meinte das bei weitem nicht so lustig wie es sich anhört), sein Auto, einen Sportwagen, einen roten Porsche 928 S, einen mit Knüppelschaltung, bei deren Handhabung er weder sich noch das Auto geschont und sich einige Male sogar die Schulter ausgekugelt hatte, gegen etwas Gemütlicheres, wie er sagte, »sagen wir, einen Rolls Royce«, einzutauschen, den er sich später dann tatsächlich leistete, Farbe jagdgrün (*racing green*), Baujahr 1961.

Unsere Knochen verblühen eben schnell, hatte ihn seine Mutter gewarnt, das war immer schon so, seit Generationen.

Weh ihm, dachte ich, weh mir.

Das war's mit meinem Geburtstag. Statt Konzerte in aller Welt Hausarrest in der Wiener Mozartgasse und die Ungewissheit über mein weiteres Schicksal. Das *Sleeping Beauty* wurde nach London verschickt und von Beare nach Asien verkauft. Neuer Eigentümer ein Milliardär, dessen Sprössling sich nun mit ihm abmüht. Wie Sie wissen, mochte ich die brummige alte Lady ja nie besonders, aber das hatte sie nicht verdient.

Natürlich hätte Beare auch mich gern nach Asien verkauft; und fast wäre es auch dazu gekommen. Aber Gott sei Dank eben nur fast. Es hätte, wie Schiff fand, die Symmetrie, um nicht zu sagen, den Klang der Welt gestört, beide Instrumente Asien zu überlassen. Es wäre auch herzlos gewesen, mit mir nur ein, wenn auch gutes Geschäft machen zu wollen. Ich war ihm auf ganz andere Weise wertvoll, war Teil seines Lebens gewesen. Ich habe alle meine Sterne über ihm aufgehen lassen.

Es gab da, und das war das Glück, das mich vor dem Fluch

meiner Verbannung in den fernen Osten errettete und für das ich ihm dankbar sein werde bis ans Ende *meines* Lebens, einen jungen Mann namens Christian Poltéra, viele Jahre lang sein Schüler, einer seiner Lieblingsschüler, der auch schon immer mal wieder – mit ihm am Dirigentenpult – auf mir gespielt hatte. Sein Spiel, das spürte und hörte ich, gefiel mir. Und damit meine ich, ich hörte ihm gerne zu. Ich habe mich, weil ich spürte, wie er auch mir zuhörte, während er spielte, sehr schnell sogar ein wenig in ihn verliebt.

Hier, sagte der Lehrer und übergab mich, das Mara, seinem ehemaligen Schüler. Und alles vermischte sich. Vergangenheit, Gegenwart, Zukunft, Stille, Farbe, Klang, Klarheit, Kraft, Konzentration.